十誡

原書名：衡量和虧欠

The Ten Commandments

Reasonable Rules for Life

Dwight L. Moody

提客勒，就是你被稱在天平里，顯出你的虧欠。

（但 5：27）

十誡

合乎正道的生活準則

作者：慕迪（美國）
譯者：呂平

ANEKO
PRESS

十誡 (*The Ten Commandments*) – Dwight L. Moody

First edition published 1898

Scripture quotations are taken from the Chinese Union Version (Traditional).

译者注：为读者方便及文体完整起见，书中采用的圣经经文出自简体中文和合本《圣经》(CUVT)。

Translator: Ping Lue

Aneko Press
www.anekopress.com
Aneko Press, Life Sentence Publishing, and our logos are trademarks of
Life Sentence Publishing, Inc.
203 E. Birch Street
P.O. Box 652
Abbotsford, WI 54405
RELIGION / Christian Living / Spiritual Growth
Paperback ISBN: 978-1-62245-868-4
eBook ISBN: 978-1-62245-869-1
10 9 8 7 6 5 4 3 2 1
Available where books are sold

目录

序言

十誡

《出埃及記》二十章3-17節

一、除了我之外，你不可有別的神。

二、不可為自己雕刻偶像，也不可作什麼形像，彷彿上天、下地和地底下、水中的百物。不可跪拜那些像，也不可事奉它，因為我耶和華你的 神是忌邪的 神。恨我的，我必追討他的罪，自父及子，直到三四代；愛我守我誡命的，我必向他們發慈愛，直到千代。

三、不可妄稱耶和華你 神的名，因為妄稱耶和華名的，耶和華必不以他為無罪。

四、當記念安息日，守為聖日。六日要勞碌做你一切的工，但第七日是向耶和華你 神當守的安息日。這一日你和你的兒女、僕婢、牲畜，並你城裡寄居的客旅，無論何工都不能作；因為六日之內，耶和華造天、地、海，和其中的萬物，第七日便安息，所以耶和華賜福與安息日，定為聖日。

五、當孝敬父母，使你的日子在耶和華你 神賜給你的土地上，得以長久。

六、不可殺人。

七、不可姦淫。

八、不可偷盜。

九、不可作假見證陷害人。

十、不可貪戀人的房屋；也不可貪戀人的妻子、僕婢、牛驢，並他一切所有的。

度己以繩

在《但以理書》第五章，我們讀到有關伯沙撒王的歷史。所有有關伯沙撒王的身世，聖經裡就此一章。我們所知道的，是他那一生中，非常短暫的瞬間。他，來去匆匆，突然出現在歷史舞台上，然後就消失了。

經文告訴我們，伯沙撒王為他的一千位大臣，擺設盛宴，一同飲酒作樂。那時候，一些東方國家的盛宴，有時會持續六個月。經文沒有講到這個筵席持續了多久。但在宴會期間，*伯沙撒歡飲之間，吩咐人將他父（「父」或作「祖」。下同。）尼布甲尼撒從耶路撒冷殿中所掠的金銀器皿拿來，王與大臣、皇后、妃嬪好用這器皿飲酒。於是他們把耶路撒冷 神殿庫房中所掠的金器皿拿來，王和大臣、皇后、妃嬪就用這器皿飲酒。他們飲酒，讚美金、銀、銅、鐵、木、石所造的神*（但 5：2-4）。

正當眾人犯下這種邪惡的行為時，*當時，忽有人的指頭顯出，在王宮與燈檯相對的粉牆上寫字。王看見寫字的指頭*（但 5：5）。我們不知道，這件事是發生在白天，還是在晚上。也有可能是半夜三更。所有的貴賓，很有可能或多或少都有些醉意，但還沒有到酩酊大醉，無法清醒的程度。因為，他們都看到了一個超自然的現象——一隻手在牆上寫字，就在金燭台的正上方。

席上的每一張臉，頓時變得慘白。*王就變了臉色，心意驚惶，腰骨好像脫節，雙膝彼此相碰*　（但 5：6）。他急急忙忙地召集哲士，來解讀牆上的文字。哲士們魚貫而入，試圖解讀牆上的字，但都不知所云。伯沙撒王許諾，誰能解讀這些文字，誰就在國中位居第三，得重賞。並且，還要在他的脖子上，掛上一條金鍊。然而，哲士們的嘗試，都以失敗告終。王就極度沮喪煩惱。

最後，就在王驚慌失措的時候，太后進來了。她告訴王，去召那位曾經給尼布甲尼撒王解夢的人來；那人可以解讀牆上的文字，解開其中的奧秘。於是，但以理被召來。但以理對這文字非常熟悉。因為，他熟諳父神的手筆。

> *所寫的文字是：彌尼，彌尼，提客勒，烏法珥新。講解是這樣：彌尼，就是 神已經數算你國的年日到此完畢。提客勒，就是你被稱在天平里，顯出你的虧欠。毗勒斯（與烏法珥新同義），就是你的國分裂，歸與瑪代人和波斯人。*（但 5：25-28）

若有人在一小時前告訴伯沙撒王，時候已到，他必須度己以繩，他也許會一笑置之。可惜的是，關鍵時刻已經到來。

丈量很快就結束了。判決書很快就下來，宣判立即執行。當夜，*迦勒底王伯沙撒被殺。瑪代人大利烏，年六十二歲，取了迦勒底國*（但 5：30-31）。大利烏和他的軍隊，沿著街道一路挺進。到處是刀光劍影，人喧馬嘶。戰殺的吶喊，勝利的呼聲，交織在一起，在空中迴盪。那天晚上，王的血與灑滿宴廳的酒，融為一體。審判，出人意料之外，突然降臨在伯沙撒王身上。大概每一百個宣判中，有九十九個，是這樣到來的。死亡，常常出人意料之外地落在我們身上；它突如其來地降臨在我們身上。

你也許會說，「我希望，慕迪先生，不要把我和那個異教徒國王，相提並論。」

我告訴你，一個在福音時代作惡的人，比那個國王更糟糕。我們生活在到處是聖經的國土裡。你只要花五分美金就可以買到新約。你如果沒有五分錢，你還可以白白地拿到書。許多社團都樂意將聖經贈送給你。我們生活在各各他山(Calvary)的熊熊烈火中。我們生活在十字架的這一邊，而伯沙撒王，則生活在十字架另一邊的五百多年前。他從未聽說過耶穌基督。他從未聽說過神的獨生子。除了從他父王的異象略知一二之外，他從未聽說過真神。他也許沒有讀過聖經的任何章節，即使有的話，他大概也不相信。他沒有敬虔的傳道人指引他歸向神的羔羊。

千萬別跟我說，你比那個國王強。我相信，在最後的審判中，他將會站立，譴責我們中間的許多人。

這一切，發生在許多世紀以前。讓我們看看本世紀，本年頭，我們自己。讓我們回到現實中來；設想，就在此時，正當我在講道時，一些法枰從神的寶座上降下來。這些法枰和神的寶座緊密相連。這是一個公義的寶座。你和我必須被衡量。我敢說，在公義的寶座前，人人都必將是非常嚴肅的。那裡將毫無戲言。那里黑白分明。沒有人輕率馬虎，心不在焉。

有些人有自己的砝碼。眾多的人，正在製作不同的砝碼，以為可以用來替自己秤量。但最終，我們必須用神的砝碼，至聖所的砝碼，來稱量。非信徒最喜歡幹的事，就是設定自己的標準，然後將其他人拿來衡量自己。但是，這在審判的日子是行不通的。現在，我們將用神的律法作為天平的砝碼。當自稱基督徒的人，發現自己的生命有瑕疵時，這是對神律法的感謝讚美。

提客勒。這是一個很短的文字。它實在是太短了，我相信你一定會記住它，我的意思就是——讓大家記住神自己的話語。

神的手筆

我要請你們注意，事實上，神把誡命寫在西奈山的石板上，照樣也寫在伯沙撒宮殿的牆上。

這些信息，是神唯一親手寫給人類的。祂把誡命寫了兩遍，並將它在以色列人面前，振聾發聵，大聲地宣告。

人若真知道，神自己又要對人說話了，那將會是何等的熱切激動。近一千九百年來，祂一直保持沉默。一千九百多年來，聖經中也沒有添加任何默示的信息。毫無疑問，神若再次說話，所有人都會迫切地傾聽。然而，人們忘記了聖經就是神自己的話語，其信息的真實性，在今天和在很久以前一樣。西奈山頒布的律法絲毫沒有失去其嚴肅性。律法的權威性，或作者的身份，不隨時間的移動而消逝。

我可以想像有人說，「我不會被那律法所衡量。我根本不信那律法包含的內容。」

人們，會按自己的偏見喜好，質疑聖經的某些部分，但我從來沒有遇到過一個誠實的人，能挑出十誡的毛病。異教徒們會嘲笑這位立法者，抗拒那將我們從律法的詛咒中拯救出來的主，但他們不得不承認誡命是正確的。歐內斯特•勒南[1]（Ernest Renan）說，這些誡命適用於所有國家，並將作為神的律法永存。

神若創造了這個世界，祂就必制定一些法律來管理它。為了保障生命安全，我們必定要有健全的法律；日光底下，沒有一個國家會沒有法律——神的律法。它來自至高處，連異教徒、懷疑論者都不得不承認它是毫無瑕疵的。全世界所有的立法機構，都將其作為法律制度的基礎。

> 人們忘記了聖經就是神自己的話語，其信息的真實性，在今天和在很久以前一樣。

> *耶和華的律法全備，能甦醒人心；耶和華的法度確定，能使愚昧人有智慧。耶和華的訓詞正直，能快活人的心；耶和華的命令清潔，能明亮人的眼睛*（詩 19：7-8）。

1　歐內斯特•勒南（Ernest Renan，1823-1892），法國語言專家、哲學家、作家、聖經學家。

你我現在的問題是，我們是否遵守這些誡命？我們是否履行律法的所有條款？如果神創造了我們——我們知道這是千真萬確的，祂就有權制定律法；我們若沒有正確地遵循它，倒不如從來就沒有它，因為，它將問罪於我們。我們將被判為虧欠。律法毫無問題，但我們是否行事規矩？

異教徒的見證

有個故事，講的是一位聰明乖巧的異教徒，想熟悉一下聖經闡明的真理，便開始讀摩西五經。他已經養成了譏誚聖經的習慣，為了反駁基督徒們提出的論點，他下了決心要讀聖經，了解一下聖經的內容。當他讀了十誡後，他對朋友說：

> 「我告訴你，我以前是怎麼想。我原以為摩西是一群草寇的首領，他心志堅強，對一群迷信的人有很大的影響力。在西奈山上，他點燃了焰火，令那群無知的追隨者萬分驚諤；因恐懼和迷信，他們以為眼前所見的，是超自然現象。我曾一直在研究該律法的本質，還嘗試是否可以添加，或者，從中減去任何東西，使其變得更完善。先生，我實在是枉費心機！這律法實在是盡善盡美！
>
> 「第一條誡命指示我們，要讓造物主作為我們

至高無上的愛和崇敬的對象。這絕對沒錯。祂若是我們的創造者、保護者、和至高的恩主，我們理所當然的要敬愛祂；別無他人。第二條誡命禁止拜偶像。這當然是對的。第三條不准褻瀆。第四條規定虔誠敬拜的時間。如果有神，祂理當被敬拜。外在的敬拜與內在的竦慕相般配，當然是合宜的。既然要敬拜神，那就當為此留出一定的時間，讓所有人可以專心一致、甜美和諧地敬拜。七日中的一日實在不算多，我不知道是否太少了一點。

「第五條誡命，定義了因家庭關係而產生的特殊責任。然後，按照道德法則，對鄰舍的傷害進行分類，分別為危害生命、貞潔、財產和人格的罪。我注意到，每一類的罪中之罪是明確禁止的。因此，對生命的最大傷害是謀殺；貞潔，則是奸淫；財產，乃是盜竊；人格，便是偽證。同時，最大的冒犯，也必須囊括同類罪中最小的冒犯。這樣，謀殺必須包括對生命的一切傷害；姦淫包括對純潔的所有侵犯；餘下亦如此等等。最後，對鄰居的傷害而言，設立一項禁止任何不正當慾望的命令，使道德準則臻於完美。

> 「我一直在想，『摩西是從哪裡得到這律法的？』我讀過歷史。埃及人和鄰國的民族都崇拜偶像；希臘人和羅馬人亦如此，最聰明優秀的希臘人或羅馬人，從未有過這樣的道德準則。摩西從哪裡得到這律法，居然超越最開明時代的智慧和哲學？他生活在一個相對來說野蠻落後的時代，但他所給的律法，歷世歷代的研究和剖析都未能找出任何破綻。他是從哪裡得到的？他不可能先進到如此地步，自己能夠設計如此完美的律法。我對他從哪裡得到這律法感到滿意。因為它必從神而來。律法，使我確信聖經所要闡明的基督教真理。」

我們稱這律法為摩西律法，但上文已經明確地指出，誡命並非起源於摩西。而且，當摩西律法在基督裡成全後，儘管許多繁文縟節被廢除了，但誡命未被淘汰。在早期社會中，我們找不到任何立法機構存在的痕跡；也找不到有建立一套完整的法律體系的議會，或元老院。誡命，頒布給我們的時候，已經完整成文，而且盡善盡美；唯一令人信服的解釋，就是神親自將誡命寫在石板上。

當今的約束

有些人似乎覺得，我們已經相當進步，早已超越了誡命的範圍。基督怎麼說？*莫想我來要廢掉律法和先知；我來不是要廢掉，乃是要成全。我實在告訴你們，就是到天地都廢去了，律法的一點一畫也不能廢去，都要成全。所以，無論何人廢掉這誡命中最小的一條，又教訓人這樣作，他在天國要稱為最小的；但無論何人遵行這誡命，又教訓人遵行，他在天國要稱為大的*（太 5：17-19）。神在何烈山上賜給摩西的誡命，今天所具有的約束力，如同頒布的那一天以來，不僅一樣，甚至更為有效。猶太人說，律法的頒布不是在屬於以色列的巴勒斯坦，而是在不屬於以色列的曠野，因為律法是為萬國而設立的。

耶穌從來沒有貶斥律法和先知，但祂斥責不服從律法和先知的人。祂雖然頒布了新的誡命，但不意味著祂廢除了舊的誡命。基督對誡命的解釋，使之有更深遠的影響。祂在登山寶訓中，闡明誡命的原則，遠遠超過其文字所能表達的。祂將誡命層層揭開，顯明它擁有更多的涵義，既是積極正面的，更是令人生畏的。整本舊約，以這樣的話結束：*你們當記念我僕人摩西的律法，就是我在何烈山為以色列眾人所吩咐他的律例典章。看哪！耶和華大而可畏之日未到之前，我必差遣先知以利亞到你們那裡去。他必使父親的心轉向兒女，兒女的心轉向父親，免得我來咒詛遍地*（瑪 4：4-6）。

耶穌從來沒有貶斥律法和先知，但祂斥責不服從律法和先知的人。

難道，這看起來，像是摩西律法已過時了？

隨著歲月的流逝，我越來越深信，聖經的這一古老真理，必須要用最直接簡明的話語，來反復不斷地重申。我不記得聽過任何有關誡命的佈道。我有一份索引，是司布真的二千五百篇講道，其中，沒有一個講道的題目選用了《出埃及記》二十章的前17節經文。人們必須明白，十誡當今仍然有製約，凡不遵守的將受到懲罰。我們不要一個純粹感情化的福音。登山寶訓沒有將十誡擯棄。

基督降世的時候，祂把律法濃縮凝聚為：*你要盡心、盡性、盡力、盡意愛主你的　神，又要愛鄰舍如同自己*（路 10：27)。保羅說，……*愛就完全了律法*（羅 13：10）。但這是否意味著十誡的戒律已被取代——它們已變成微不足道？因為孩子們愛他，父親會讓孩子們放任自流，無規無矩嗎？因為國民愛國，一個國家會燒毀其法規？當然不會。然而，人們說起來好像誡命與基督徒無關，因為他們愛神。保羅說，*這樣，我們因信廢了律法嗎？斷乎不是！更是堅固律法*（羅 3：31）。律法仍然完善。誡命乃是必要的。我們只要服從，誡命就不會把我們壓垮；然而，一旦我們企圖擺脫誡命，就會發現，誡命如柵欄一樣，將我們圈在其內。馬，即使已經被馴服，還是需要韁繩。

> *我們知道律法原是好的，只要人用得合宜；因為律法不是為義人設立的，乃是為不法和不服的，不敬虔和犯罪的，不聖潔和戀世俗的，弒*

父母和殺人的，行淫和親男色的，搶人口和說謊話的，並起假誓的，或是為別樣敵正道的事設立的（提前 1：8-10）。

我的朋友，你已經準備好，讓神的律法來衡量你了嗎？很多人說，如果他們遵守誡命，那就不需要饒恕，通過基督來得拯救。問題是，你遵守了嗎？我認同，如果你分毫不差、完完全全地遵守誡命，你就不需要被基督拯救；可是，這天地間，難道真有一個人可以確鑿地說，他做到了這一點嗎？姑娘，你能說，「我已經準備好讓律法衡量」嗎？小伙子，你準備好了嗎？你能踩在律法的天平上被十誡一一稱重嗎？

現在，誠實敬畏地面對這十誡。看看你的生活是否完善，你是否真誠地對待神。神的法規是公義的，不是嗎？如果律法是完善的，我們就當審查自己是否是完善的。讓我們祈求聖靈，來省察我們每一個人。讓我們和神單獨相處，閱讀祂的律法——畢恭畢敬地詳讀，並祈求神暴露我們的罪，引導我們如何改邪歸正。

第一章

第一誡

除了我之外，你不可有別的神。（出 20：3）

我的朋友，你已準備好讓這條誡命來檢測嗎？你是否已經履行，或者，願意履行該律法的所有要求？把這誡命放在天平一端，然後踩在另一端。你的心是單單仰望神嗎？你心裡沒有別的神？你愛祂勝過父母、你的妻子、你的孩子、家庭或莊田、財富和快樂嗎？

人若謹守這條誡命，就會自然而然地服從餘下的九條誡命。然而，正是他們不能謹守這條誡命，導致常常違反其他誡命。

人對神的渴望

哲學家們認為，哪怕是人類最原始的種族，也會超越物質世界來尋求神靈。人對神的渴望，就像常春藤對支撐物的渴望一樣自然。飢餓乾渴驅使人尋找食物，而靈魂的飢渴同樣需要滿足。*神啊！你是我的 神，我要切切地尋求你；在乾旱疲乏無水之地，我渴望你，我的心切慕你*（詩 63：1）。人不需要被強迫去崇拜，無論是高等或低等文明社會，都有被崇拜的某種神。人真正需要的是被引向真神。

第一條誡命就是為了這個目的。在我們有智慧的敬拜之前，我們必須知道，敬拜什麼或敬拜誰。神不會讓我們盲目無知地敬拜。當保羅來到雅典時，他遇見一個祭壇是獻給未識之神的，他便開始傳講我們所敬拜的真神。當神將誡命賜給摩西時，祂首先宣告自己是誰，並要求得到獨一無二的認知。*我是耶和華你的 神，曾將你從埃及為奴之家領出來。除了我以外，你不可有別的神*（出 20：2-3）。

戴爾博士（Reverend Dr. Dale）說的這些話具有重大意義：

> 猶太人知道耶和華是神，是因在他們過大海逃避敵人的追擊時，祂將波浪如牆一樣分開。他們知道祂是神，是因祂曾呼喚雷霆、閃電、冰雹，將瘟疫降在牲畜身上，降在人身上來懲罰埃及人，並迫使他們讓以色列人離開埃及。他們知道祂是神，是因祂差派天使擊殺了壓迫者的長子，使那全地充滿死亡、痛苦和恐懼。祂是同一位神，如摩西和亞倫告訴他們，

> 很久以前就通過異象和聲音，應許和誡命，向亞伯拉罕、以撒和雅各顯明。我們了解一個人是通過其所說所行。路德（Luther）為何人，與有關他的秉性和信條的最具哲學意義的文章相比，他的傳記則更生動、更信實地展示了他的一生。比起有關他的最詳盡的推測，他被監禁，去沃木斯（Worms）之程的故事，他的書信，佈道講稿，和他的《桌邊談話錄》（Table Talk），則更有價值。猶太人認識神，不是從有關神屬性的神學論文中，而是從神的歷史事實中來了解。他們通過神自己的作為和話語來認識祂。[2]

有人問一位阿拉伯人：「你怎麼知道有神？」

「我怎麼知道，昨晚是人還是駱駝，經過我的帳篷？」他回答說。神在自然界和我們自己經歷中的足跡，是祂存在和秉性的最好確據。

以色列人面對偶像

我們若記得這條誡命是頒給誰的，就會看到其必要性。在此誡命頒布之前，以色列人的祖先，不過就是幾代人，是敬拜偶像的。他們最近才從埃及，一個多神之地，被拯救

2　原註：R. W. 戴爾，《十誡》（倫敦：Hodder and Stoughton 出版社，1871 年），33頁。

出來。埃及人崇拜太陽、月亮、昆蟲和動物。神降十災，毫無疑問，是要讓埃及人對自己的偶像產生困惑。以色列人前去佔領的那片土地，是異教徒居住的地方，那裡同樣敬拜偶像。所以，這條誡命的頒布是至關重要。神與人之間的關係，今時和彼時相同，惟有人明白神是獨一無二的，必須單單敬拜祂，而非心猿意馬，才能完全擺正。

祂若創造了我們，就當得我們的敬拜奉獻。祂在我們的情感中，應該是首位的，也是唯一的，這難道不對嗎？

絕無妥協

神，是獨一的真神，這一事實是不容質疑的。宗教自由是一件好事——在一定範圍內。但是，寬容，對在本質上意見一致的人，和對在基本信仰上不同的人，是不可相提並論的。羅馬人願意讓任何假神進入萬神殿 （Roman Pantheon）。早期基督徒遭迫害的原因之一，就是拒絕把耶穌基督擺在萬神殿裡。據說，拿破崙曾考慮在巴黎，為各個宗教建立寺廟，這樣，讓每個來巴黎觀光訪問的，有不同宗教信仰的人，都有一個敬拜場所。這樣的計劃與神的計劃直接相對抗。神的這條誡命，沒有絲毫含糊之處。它直接、簡單明了、毫無妥協之地。

我們可以從農夫處理蘋果樹底部長出的樹芽的方法中獲得智慧。這些嫩樹芽看起來充滿生機，缺乏經驗的人，也許會高興地看到它們繼續生長。但農夫知道，這些樹芽會從主樹上吸取營養，損害主樹，使它結出劣質的果實。因此，農夫拿起斧子鋤頭，除掉這些有損無益的東西。這樣，這棵樹會結出更多、更甜美的果子。

神的修枝刀

「你不可」是神使用的修枝刀。整本聖經，從頭到尾，都呼召對神忠貞不渝。對於其他假神，沒有折中，不能接受。

經過了漫長的歲月，神才使以色列人對這個教訓銘記心中。神稱他們為被揀選的子民。祂使他們成為一個特殊的民族。然而，你會在聖經歷史中註意到，他們不斷地背棄祂；結果，不斷地遭受瘟疫、疾病、戰爭、和飢荒的懲罰。他們的罪，不是他們完全棄絕了神，而是想要敬拜其他的假神。所羅門，既為整個民族的例子。所羅門娶了外邦人為妻子和嬪妃，這些妻、妃使他的心，遠離神來追隨其他神靈；他為她們的偶像建造邱壇，認可她們的崇拜。這就是整個民族的歷史——不斷地遠離神，直到最後，神允許他們被擄到巴比倫，在那里為奴七十年。從那以後，猶太人再也沒有轉向其他神。

教會今天不也面臨同樣的難題嗎？心裡真正不信神的人很少，但是，他們行不出來的，就是給神當得的、唯一的服侍和敬拜。傳教士告訴我們，只要不要求受洗、公開棄絕偶像，他們很容易獲得皈依者。如果入門不是那麼嚴格，我們國家有很多人就會成為基督徒。基督教，對他們來說規矩太多、太嚴格了。他們還不能保證能全然歸向神，侍奉神。更甚之，許多自稱是基督徒的人實際上是絆腳石，因為他們不是單一地敬拜神。星期天，他們敬拜神；到了周間，他們的心思意念中幾乎沒有神。

美國的假神

今天，要尋找假神，你不必去異教之地。美國到處都是。無論你做什麼，凡只要你傾心而做的就是你的神。任何東西，只要你愛它超過愛神，那就是你的偶像。許多人的心，就像卡菲爾 （Kaffirs'）[3] 的茅屋，裡面塞滿了偶像，甚至連轉身的餘地都沒有。無論貧富，有學問無學問，所有階層的人都犯了這種罪。*他們的地滿了偶像，他們敬拜自己手所造的，就是自己指頭所作的。卑鄙的人屈膝，尊貴人下跪。所以不可饒恕他們*（賽 2：8-9）。

人可以把自己本人、孩子、母親、神賜給他的珍貴禮物，塑造成一個神。他忘記了施恩者，反倒一心撲在對所得恩典的崇拜中。

許多人把快樂當作神；這是他們的心所在。假如，某個古希臘人或古羅馬人再次復活，見到處是酩酊大醉的人，他難道會相信，對巴克斯（Bacchus）的崇拜已經消亡了嗎？[4]

3　意指異教徒。

4　原註：巴克斯（Bacchus）是古羅馬人對希臘酒神狄俄倪索斯（Dionysus）的稱呼。

他如果看到，我們的大城市街道上，到處都是妓女，難道會相信，對維納斯（Venus）的崇拜已經停止了嗎？[5]

還有人，則將時尚當作神，把腦筋終日花在衣服上。他們生怕人家會對自己另眼相看。我們不要自以為得意，好像崇拜偶像的人都在異教國家。

很多人敬拜錢神。我們還沒有戰胜對金牛犢的崇拜。一個人，若願意以原則來換取金錢，豈不就是把金錢當作神嗎？他若相信，財富能滿足慾望和需求，難道財富不就是他的神嗎？很多人說：「你給我錢，我給你天堂。天上的榮耀和財寶，我豈在乎嗎？給我地上的財寶！我不在乎天堂！我要成為一名成功的商人。」約伯的話句句確鑿：*我若以黃金為指望，對精金說，你是我的依靠；我若因財物豐裕，因我手多得資財而歡喜；我若見太陽發光，月亮行在空中，心就暗暗被引誘，口便親手；這也是審判官當罰的罪孽；又我背棄在上的 神*（伯 31：24-28）。

然而，即便是所有的假神，都不如以下所述的那麼稀奇古怪。有一位無神論者，說他不信神，否認神的存在，但是，他又禁不住要設立其他神來取代真神。伏爾泰（Voltaire）說：「若無神，就必創之。」接著，這位無神論者，就大談偉大的未知、第一因源、無限思維。然後，是自然神論者，相信神創造萬物，但不相信神的啟示。他只接受符合理性的真理，不相信耶穌基督和聖經的默示。更甚之，就是泛神

5　原註：維納斯（Venus）是愛、性、生育繁衍、妓女之女神。

論者，說，「我相信整個宇宙就是神。神是空氣、水、太陽和星星」；騙子和小偷也包括在內。

摩西的臨終訓勉

讓我提醒你，注意《申命記》三十二章31節：*據我們的仇敵自己斷定，他們的磐石不如我們的磐石。*

這些話，是摩西在臨終告別以色列時所說的。他和他們朝夕相處已經四十年了。他是他們的領袖和導師。天上的一切祝福都通過他降臨到他們身上。而現在，他就要離開他們了。如果你從未讀過摩西的演講，應當讀一讀。這是迄今為止，印刷成文，最好的佈道之一。據我所知，舊約和新約中，鮮有與之相媲美的佈道。

我眼前，顯出摩西演講的情景。他行動如常，依然充滿青春的活力。飄長的白髮披在肩上，堂堂威風的鬍鬚蓋住胸膛。他鏗鏘有聲地挑戰說：*據我們的仇敵自己斷定，他們的磐石不如我們的磐石。*

難道人心真能滿足於這些假神？快樂、財富真能填補沒有神的靈魂嗎？無神論者、自然神論者、泛神論者呢？他們期待著什麼？空空如也！人的一生充滿了愁苦，但當苦難、失望如浪濤撲面而來時，他們卻沒有神可以呼求。*那時……　要去哀求他們獻香所供奉的神；只是遭難的時候，這些神毫不拯救他們*（耶 11：12）。因此，我確信*他們的磐石不如我們的磐石。*

當苦難的時刻來臨時，這些不信的人就會請牧師來安慰他們。我住在芝加哥時，常常應要求主持許多葬禮。我會詢問死者的信仰。假如我發現他是個無神論者、自然神論者、或泛神論者，當我在葬禮中，要是在他的朋友面前說出此人的教義，他們會覺得受了侮辱。為什麼，他們平時一直談論抵抗神，而僅在這艱難的時刻，這苦難的黑暗中，卻呼求信靠神的人來安慰？為什麼，無神論者在苦難的時刻就不再宣揚沒有來世、沒有天堂、沒有神？這一事實本身就驗證：*據我們的仇敵自己斷定，他們的磐石不如我們的磐石。*

快樂、財富真能填補沒有神的靈魂嗎？

自然神論者說禱告沒有用，因為沒有什麼可以改變至聖者的旨意；神從不回應禱告。他，自然神論者的磐石豈是我們的磐石嗎？

聖經是真實的。只有一位真神。有多少人對我說，「慕迪先生，假如我要有你的信仰，你的安慰，你對你的宗教的希望，我願意獻出世界。」

這不就證明他們的磐石不如我們的磐石嗎？

幾年前，我去拜訪某人，當我開始談論基督教時，他轉向他的女兒，說：「你最好離開房間。我想跟慕迪先生說幾句話。」當她出去後，他向我講了一大通的無神論。

「你說這話之前，為什麼要叫你女兒出去？」我問。

他回答說，「我想，聽我說這些話，對她沒有任何好處。」

他的磐石是我們的磐石嗎？如果他真的相信他說的話，他會叫女兒出去嗎？

除神之外別無安慰

除了聖經之神以外，靈魂得不到任何滿足。讓我們回到保羅的話，為現時和永恆得安慰：*論到吃祭偶像之物，我們知道偶像在世上算不得甚麼，也知道 神只有一位，再沒有別的 神。雖有稱為 神的，或在天，或在地，就如那許多的 神，許多的主；然而我們只有一位 神，就是父，萬物都本於他；我們也歸 他 ——並有一位主，就是耶穌基督——萬物都是藉著他有的；我們也是藉著他有的*（林前 8：4-6）。

神不會接受一顆分散的心。

我的朋友，你能真誠地這麼說嗎？你把所有的盼望都集中在基督身上嗎？你單單信靠祂嗎？你已準備好踏上天平，讓第一條誡命衡量了嗎？

忠心耿耿

神不會接受一顆分散的心。祂必是你的絕對君王。在你的心中沒有兩個寶座的空間。基督說，*一個人不能事奉兩個主；不是惡這個，愛那個，就是重這個，輕那個。你們不能又事奉 神，又事奉瑪門*（*瑪門：財利的意思*）（太 6：24）。注意，他沒有說，「沒有人可以事奉……你不應該事奉。

」而是，*一個人不能事奉……你們不能事奉*。這不僅僅是一個命令；這意味著，如油和水不能混在一起，你不能又敬拜真神，同時又敬拜別神。這絕對行不通。基督若住在心裡，心就不能容下任何其他寶座。世俗若進來，敬虔就會出去。

通往天堂的道路，和通往地獄的道路，是兩個根本不同的方向。你會選擇跟隨哪位主？做一個完完全全的基督徒。*單要事奉他*（太 4：10）。唯有這樣，你才能討神喜悅。猶太人，因崇拜假神，而淪為奴七十年。他們因拒絕彌賽亞，而遭受了近一千九百年的苦難。難道你也會拒絕基督，招來神的不悅嗎？祂為了拯救你而死。全心信靠祂，*因為人心里相信，就可以稱義*（羅 10：10）。

我相信，當基督在我們心中居首位，當神的國度在一切事物中居首位時，我們就會有能力；除非祂在我們心中居應得的地位，否則我們不會有能力。我們若讓某個假神進來，竊取我們對神的愛，我們將沒有平安或力量。

第二章

第二誡

不可為自己雕刻偶像，也不可作什麼形像，彷彿上天、下地和地底下、水中的百物。不可跪拜那些像，也不可事奉它，因為我耶和華你的 神是忌邪的 神。恨我的，我必追討他的罪，自父及子，直到三四代；愛我守我誡命的，我必向他們發慈愛，直到千代。（出 20：4-6）

第一條誡命，我們剛剛討論過，指明真正的敬拜對象。第二條誡命，則告訴我們正確的敬拜方式。前者命令我們當單單敬拜真神；後者則要求我們，當敬拜祂時，當有的聖潔和心靈。前者譴責對假神的崇拜；後者禁止虛假的形式。它更多地與外在的敬拜行為有關，但行為都是出自內心的表達。

也許你會說，你對此沒有任何問題。我們跑到其他時代或地方，也許有人製作圖像來鞠躬敬拜，但我們這裡沒有圖像。讓我們看看這是否屬實。讓我們踏上天平，看看根據這條誡命衡量的結果。

我相信這就是爭戰之處。撒旦試圖阻止我們正確地敬拜神，阻止我們把祂放在一切事物的首位。如果我讓一些人造的形像進入內心，取代了造物主，那就是一種罪。我相信，撒旦要我們把任何東西都拿來敬拜，無論多麼神聖——聖經、十字架、教堂——只要我們不崇拜神自己。

除了神和祂的獨生子耶穌基督，你在聖經中找不到一處，允許一個人跪下敬拜任何事物。在《啟示錄》中，當天使來到約翰面前時，約翰要俯伏敬拜他，但天使不讓。如果來自天上的天使都不容被敬拜，那麼，當你發現人們向畫像或形像低頭敬拜時，即使是十字架，這也是罪。為數眾多的人，似乎被這些東西沖昏了頭腦。*除了我之外，你不可有別的神。不可跪拜那些像*［雕刻圖像］。神只要我們敬拜祂，我們若不信耶穌基督是道成肉身的神，就不應當敬拜祂。我對基督的神性毫不懷疑，就像我對我的存在毫不懷疑一樣。

撒旦試圖阻止我們正確地敬拜神，阻止我們把祂放在一切事物的首位。

敬拜包括兩件事：內在的信仰和外在的行為。在我們公開地顯示對神和耶穌基督的錯誤概念之前，我們的內心已經犯了罪。正如某人所說，貶低神位格的觀點是錯誤的，貶低神位格的做法同樣有罪。這就是保羅所說的意思：*我們就不當以為 神的神性像人用手藝、心思所雕刻的*金、銀、石（徒 17：29）。有些人對基督有不符合聖經的觀點，這些觀點確實違反了第二條誡命。

一個問題

問題立刻就出現了，這條誡命是不是要完全禁止使用受造物的圖畫和圖像？有人認為確實如此。他們以猶太人和伊斯蘭教徒為據。猶太人從不青睞於藝術品。伊斯蘭教徒，直到今天，在圖案中沒有動物的形像。我不同意他們的看法。我認為神只禁止用圖像和其他東西來作為敬拜對象。*不可為自己雕刻偶像……不可跪拜那些像，也不可事奉它。*《出埃及記》中，神命令將帳幕的金燭台的碗做成 *形狀象杏花，有球有花*（出 25：33）；以弗得的外袍有一個下襬，他們要在下襬上交替放一個鈴鐺和一個石榴（出 29：25）。神自己怎麼會下令做一些東西來違反第二條誡命呢？

我認為，這條誡命是一個呼召，呼召應當用心靈來敬拜神。這和基督對撒瑪利亞婦人的宣告是一致的：*神是個靈，所以拜祂的，必須用心靈和誠實拜祂*（約 4：24）。

而這恰恰正是人們難以做到的。當使徒們還活著時，人們就開始豎起他們的像，敬拜代表他們的聖物。人們有一種渴望，渴望有形的、可以看見的東西。生活在感官中，比生活於心靈中，要容易得多。這就是為什麼會有對儀式主義的需求。有些人天生就是清教徒；他們要一種簡單的敬拜形式。其他人認為，假如沒有吸引感官的形式和儀式，他們就無法敬拜。很多在神面前心不是很真誠的人，會在這些形式中尋求庇護，借表面上敬虔的表現來緩解他們的良心。第二條誡命限制了這種慾望和傾向。

當我們對神不真實時，神會感到哀傷。神是愛，當我們朝秦暮楚，祂就會受傷。本誡命的懲罰告誡我們，人種什麼，就收什麼，無論是好是壞；不僅如此，他的孩子也將與他同享收成。請注意，懲罰，自父及子，直到第三代和第四代，而仁慈，則賜給成千上萬的後裔，或者（更準確的翻譯）直到千代。

蠢而無用的圖像

仔細想一想，你將會發現，試圖以物來代表神是多麼的無用。基督徒們曾試圖用畫來描繪三位一體，但你怎麼可能畫出那肉眼未能見的東西呢？你能畫出你自己的靈魂、精神、或意志嗎？摩西給以色列人留下深刻的印象：當神在火中對他們說話時，他們未見其身，唯聽到其聲。

神的畫像或形像會降低我們對祂的概念。我們本應在蒙恩和知識上長進，它卻把我們固定在表像上。它使神變為有限。它把祂降到人的層面；正是出於人的需求，產生瞭如印度、中國那些猙獰可怕的偶像，因為，人們按自己的臆想塑造了這些形像。如果，美國人造出如此醜陋的東西來代表總統，就像異教國家的人們造他們的神

神的畫像或形像會降低我們對祂的概念

一樣，總統會作何感想？以賽亞以極大的諷刺，譴責愚昧的偶像製造者；那鐵匠，用鉗子和錘子塑造神像；那木匠，取一棵樹，一部分用來燒火取暖、烤肉，另一部分則用尺、平面和半圓規來造人的形像，稱其為神，叩拜他。

> *這樹，人可用以燒火，他自己取些烤火；又燒著烤餅，而且做 神像跪拜，做雕刻的偶像向他叩拜。他把一分燒在火中，把一分烤肉吃飽。自己烤火說：啊哈，我暖和了，我見火了。他用剩下的做了一神，就是雕刻的偶像。他向這偶像俯伏叩拜，禱告他說：求你拯救我，因你是我的神*（賽 44：15-17）。

一個人，肯定要比他所製造或生產的任何東西都要偉大。既然如此，居然還會去崇拜這些東西，這豈不是極為愚蠢嗎！

所有偶像崇拜的根源，是人的內心慣用一些吸引感官的東西來代表神。這種內心的傾向，直接導致偶像崇拜。儘管初衷不是崇拜事物本身，但最終會以這種方式結束。正如麥克拉倫博士（Dr. McLaren）所說，「敬拜中，讓感官成為心靈的盟友，是一項冒險的工作。一旦將感官和心靈合在一起開始敬拜，它們之間就很容易為自己爭奪上手。歷史表明，所有像徵性和儀式性敬拜的嘗試，最終的結果，多數是導致感官化的虔誠，而不是心靈化的感受。」[6]

6 原註：亞歷山大•麥克拉倫（Alexander MacLaren, 1826-1910），The Epistles of St. Paul to the Colossians and Philemon.

圖片和形像

有人可能會說,「我發現圖畫和形像,對我有很大的幫助。我知道,它們本身並不神聖,但它們幫助我在靈修時,能將我的心思意念專注於神身上。」

當特朗布爾博士(Dr. Trumbull)在北田郡(Northfield)時,他用了一個很好的例子來回答這個問題。他說:

> 假設,有個年輕人正望著窗外,等著外出的母親歸來,盼望她一出現,他就能見到。他要是把她的照片貼在窗框上作為幫助,那是聰明還是愚蠢?正如這個問題的答案是非常確定的一樣,毫無疑問,我們與神最好的交通,是對所有肉眼可見的東西閉上眼睛,單單以心靈來接受聖靈。

我寧可與基督有五分鐘的交通,也不願花很多年,站在祂的畫像和形像前。擺在我的心靈和我的創造者之間的任何東西,對我來說,都不是幫助,而是障礙。神賜給我們不同的感恩方法讓我們來親近祂。讓我們用這些方法來與神相交,而不是尋求祂明確禁止的那些東西。

戴爾博士(Dr. Dale)說,在他上大學的時候,他的壁爐牆上,掛著一幅我們的主的版畫。

> 那臉上的平靜、尊嚴、溫柔和悲傷，代表了在那些日子裡，我頭腦中基督以人的形像呈現的最高概念。我經常看著那副畫，很少不被它所感動。幾個月之後，我發現，我的迷信情感，逐漸地使我老圍著它轉，而這些迷信情感，總是因代表神性的圖像所造成。版畫，對我來說，正成為神以肉身顯現的神社，而我，漸漸明白了偶像崇拜的滋長。起初，眼見的符號只是一個符號，僅此而已；它有助於思考；它激起激情。然而，它最終與它所代表的神認同。如果我每天在十字架前鞠躬祈禱，把它當作基督來稱呼，儘管我知道它不是基督，我對它感到敬畏和愛，這就是偶像崇拜的本質。

你是否想過，世界上沒有一張從基督的門徒那里傳下來的祂的畫像？誰知道祂的樣子如何？除了一兩個零星的一般性描述，聖經沒有告訴我們祂的樣子，如聖經所說，*他的面貌比別人憔悴，他的形容比世人枯槁*（賽 52：14）。我們對祂的特徵、頭髮、眼睛的顏色，以及其他有助於真實再現的細節一無所知。有哪位藝術家能告訴我們？祂沒有給祂的門徒留下任何紀念品。祂的衣服被那些把祂釘在十字架上的羅馬士兵搶占了。在祂的門徒中，沒有一件單獨的東西傳下來。看起來，似乎基督有意不留下任何遺物，免得它們被視為神聖、被崇拜？

歷史進一步告訴我們，早期的基督徒不願為基督製作任何形象的畫和雕像。他們認識祂是因祂復活後向他們顯現，並且應許祂會繼續和他們同在，這種活生生的真實性是任何圖像都無法取代的。

我看到的基督的畫像，或多或少，都讓我反感。我有時認為，有祂的畫像這件事的本身就是錯誤的。

論到十字架，戴爾博士說：

> 它使我們的敬拜和禱告變得不真實。我們在崇拜一個不存在的基督。祂現在不在十字架上，而是在寶座上。祂的痛苦永遠過去了。祂已經從死裡復活了。祂坐在神的右邊。如果我們向一位正在死去的基督祈禱，我們不是在向基督祈禱，而只是在紀念祂。十字架鼓勵病態的、不真實的敬拜，其對基督教世界敬虔生活所造成的傷害，是無法估量的。它給了我們一個將死的基督，而不是一個活著的基督，一個與我們相隔許多世紀的基督，而不是一個近在身邊的基督。[7]

7　原註：戴爾（R. W. Dale），The Ten Commandments (London: Hoddard and Stoughton, 1871), 49。

內住的基督

沒有人能說我們今天需要這些東西。*看哪，我站在門外叩門；若有聽見我聲音就開門的，我就要進到他那裡去，我與他，他與我一同坐席*（啟 3：20）。如果基督住在我們心中，為什麼我們還需要把祂的像放在眼前？*因為無論在哪裡，有兩三個人奉我的名聚會，那裡就有我在他們中間*（太 18：20）。我們若憑信心抓住這個應許，難道還需要外在的象徵和表像？如果君王與我們同在，為什麼還要在代表祂的雕像前鞠躬？用一個圖像（有人說過）來取代祂的位置，就如同把太陽從天空中抹去，用其他的光來代替。「你無法通過儀式主義的縫隙、有罪之人的盲眼，或人製作的雕像、藝術圖像，或詭異設計的、虛假歪曲的神學謊言來看祂。不，要在祂自己的話語中，在祂自己的啟示中，來尋求祂——祂把這些賜給所有行在祂道路上的人。這樣，你將能夠遵守新約啟示最後的警告：*小子們，遠離偶像*（約壹 5：21）。」

我相信，如果將許多熱心的基督徒放在天平上，以這條誡命來衡量，就會發現有所欠缺。提客勒 是對他們的判決，因為他們對神和基督的敬拜不純潔。願神打開我們的眼睛，看到這危患，正如蠶食般，在基督教世界的公共敬拜中，侵蝕蔓延！讓我們時時記住基督在《約翰福音》第四章的話語；這些話語，表明真正的屬靈敬拜，跟特殊時期和地點無關，因為，它適用於全時全地：

你當信我。時候將到，你們拜父，也不在這山上，也不在耶路撒冷。……時候將到，如今就是了，那真正拜父的，要用心靈和誠實拜他，因為父要這樣的人拜他。神是個靈，所以拜他的，必須用心靈和誠實拜他（約 4：21，23-24）。

第三章

第三誡

不可妄稱耶和華你 神的名，因為妄稱耶和華名的，耶和華必不以他為無罪。（出 20：7）

前不久，我和一個自認為自己是基督徒的人交談時，我驚訝地發現，有的時候，當他生氣時，他會咒罵。我說，「我的朋友，我不明白，你怎麼能一手拆牆一手砌牆。我不明白，你怎麼能自稱是神的孩子，卻讓那些髒話從你嘴裡跑出來。」

他回答說：「慕迪先生，如果你知道我，你就會明白的。我的脾氣很急。從父母那裡遺傳下來的，無法控制；但我的髒話，只是嘴裡說說而已。」

當神說，祂*必不以妄稱祂名的人為無罪*，祂言之鑿鑿。我不相信，任何妄稱神名的人，可以成為神真正的孩子。神的恩典，若不能讓我控制自己的脾氣，不至於失控，使神的咒詛臨到自己身上，那又是為了什麼呢？當一個人從神而生時，神就會從他身上拿走「詛咒」。泉純則溪清。心正則言實，身正則行端。然而，沒有人，在他從神而生之前，可以事奉神，並遵守祂的律法。所以，我們當看到重生的必要性。

妄稱　神的名意味著（1）輕率、不加思索、輕浮，或（2）褻瀆、欺瞞。

妄稱神的名

我認為，如現今這樣，以如此少的敬意，如此隨意地妄稱神的名字，是令人震驚的。甚至，在自稱是基督徒的人中，也是如此。聖經告訴我們，猶太人認為神的名字是如此神聖，除了大祭司每年一次，在贖罪日進入至聖所提起神的聖名，他們不敢隨便提神的聖名。這與基督徒在公共場所和私人敬拜中濫用聖名形成了多大的對比！我們習慣匆匆地與神同在，然後匆匆而去，感情上對神沒有祂當得的敬畏和讚美。我們忘記了自己是在聖地。

你知道「敬畏」這個詞在聖經中出現的次數嗎？僅僅一次。和什麼有關？神的名字。《詩篇》 一百十一篇9節說，*祂的名聖而可畏*。猶太拉比認為這條誡命是如此重要，甚至說，當這條誡命在西奈山首次頒佈時，整個世界都顫抖了。

褻瀆神的名

儘管對神的名有太多輕浮、隨意的用法，但是，對這條誡命的違反，卻更多地體現在褻瀆。妄稱神的名就是褻瀆。有愛發誓的人在讀這個嗎？如果把你放在至聖所的天平上，用第三條誡命來衡量，你會如何？靜想一下。你今天有沒有妄稱神的名？

除非神禁止，否則，我不相信人會因詛咒而感到有罪。他們不以自己的朋友、父母親、妻子或孩子的名起誓。他們反到表現自己是如何輕視神的律法。

許多人認為，詛咒只是口頭禪，不帶任何意義。要記住，神不認為如此。所以，祂說祂不以人為無罪，即使社會認為其無罪。

有一次，我碰到一個人。他告訴我，他一生中從未犯過罪。他是我碰到過的第一個「完美」的人。我決定問問他，用律法來衡量他。我問他：「你生氣過嗎？」

他說，「有時我會生氣，但我有權這樣做。這是由於義憤的緣故。」

「你生氣的時候會詛咒嗎？」他承認他有時會這樣做。

「那麼，」我問，「你準備好面對神了嗎？」

「是的，」他回答說，「因為我詛咒時從來無意。」

假設我偷了一個人的手錶，他來找我。　「是的，」我說，「我偷了你的表，把它當押了，但我是無意的。我把它當押了，把錢花掉了，但我是無意的。」

你肯定會嘲笑這種說法。

噢，朋友們！你萬萬不能跟神開這種玩笑。就算是無意義的詛咒，也是神禁止的。基督說，*我又告訴你們，凡人所說的閒話，當審判的日子，必要句句供出來；因為要憑你的*

話，*定你為義；也要憑你的話，定你為罪*（太 12：36-37）。你的言論，無論是閒話還是褻瀆，你都將擔當責任。

一無是處的惡習

講道理的人都譴責詛咒的惡習。詛咒，被稱為廢話連篇、荒謬絕倫的罪，因為，無人從中受益；不僅有罪，且毫無用處。一位老作家說，那專記錄人話的，主管告狀的天使，抓到一句可指控的髒話，飛上天，把那髒話遞呈上去時，竟連自己的臉都紅了。

當一個人褻瀆神時，顯出對神的全然蔑視。戰爭期間，我在軍隊裡，常常聽到人們謾罵、詛咒。[8] 有的時候，某位敬虔的婦女，走遍軍營，來尋找受傷的兒子；奇怪的是，兒子在她面前，卻不會詛咒、說髒話。這些人不會在自己的母親、妻子、和姐妹面前詛咒；他們對這些婦女的尊重勝過對神的尊重！

這樣的譴責難道還不夠嗆——詛咒，居然可以一直被容忍，直到公認為是粗俗的東西，是對社會的一種犯罪？直到那個地步，人們才停止詛咒——而同樣的這些人，卻從未想過，詛咒，是對抗神的一種罪。

神的國度裡不容詛咒、說髒話的人。在見到神的國度之前，他們必須棄絕詛咒的罪，悔改。

8　原註：慕迪在南北戰爭期間擔任基督教委員會（Christian Committee）主席，前往營地和戰場分發聖經、讚美詩集、和祈禱冊子。

如何避免詛咒

有人經常問:「我怎樣才能不詛咒?」

我來告訴你。當神把祂的愛放在你心裡，你就根本不會咒詛祂。如果你很尊重神，就不會想到詛咒祂，就像你不會輕視、貶低你所愛的母親一樣。但是，屬血氣的人就與神為敵，完全蔑視祂的律法。惟有當那律法寫在他的心上時，遵守律法，就不成問題了。

大約三十年前，我在西部傳講福音。有一天，我正在露天佈道時，突然有個男的，駕著一輛漂亮的馬車進了場。聽了一回兒我的講道，他突然一鞭子抽那匹漂亮的馬，驟然而去。我當時從沒想過會再見到他，但是第二天晚上，他又來了;而且，夜復一夜地繼續來聽講道。

我注意到，他老用手撓他的額頭。你也許注意到，有人要是老是把手放在額頭上——他其實是不想讓人家看到他在流淚。畢竟，大漢子一個，在宗教聚會上流淚，可不是值得露面的事情。

會後，我對一位先生說:「那個每晚駕馬車來這裡的人是誰?他對福音有興趣嗎?」

「興趣!我想不會吧!你應該聽聽他今天是怎麼講你的。」

「噢，」我說，「這是他感興趣的兆頭。」

若沒有人對你說反對的話，你的基督教也就不值錢。人們說施洗約翰，耶穌的先行者，他是被鬼附著的，耶穌說，人*既罵家主為別西卜，何況他的家人呢*（太 11：18; 10：25）。

我問這個人住在哪裡，我的朋友告訴我，不要去看他，因他只會詛咒我。我說：「詛咒人的乃是神；遭詛咒的乃是人。」最終，我得到他的地址，就去看他。他是那地方，一百英里之內，最富的人，有一個妻子，七個可愛的孩子。我剛到了他家門口，就看見他從前門出來了。我走到他跟前說：「你是XX先生，是嗎？」

他說：「是的，先生，我就是。」然後，他挺起身子，問：「你有什麼事嗎？」

我說：「我想問你一個問題，如果你不介意的話。」

「什麼問題？」

「有人告訴我，在本地區，神給你的祝福，勝過所有的人；祂給了你財富，一位美麗的基督徒妻子，七個可愛的孩子。我不知道這是不是真的，但我聽說，祂從你那裡得到的回報，只是詛咒和褻瀆。」

他說：「請進，請進。」我就進去了。「是這樣，」他說，「你在外面說的都是真的。如果哪個男人有一個好妻子，我就是那個男人；我還有一家可愛的孩子。神確實對我很好。但是，你知道嗎，那天晚上，我們有客人在這裡，我在餐桌上對妻子咒詛，直到客人走了之後才意識到。當我妻子告訴我這件事時，我一生中，從未感到過如此的卑鄙無恥。她說，她真希望地板開了一條縫，讓她從座位上掉進去。

不要說一次，我已經試了一百次不咒罵。你們這些傳教士對此一無所知。」

「是的，」我說，「我全知道；我自己一直也是個蠢人。」

「但是，」他說，「你對做生意的人的煩惱一無所知。當他整天受到騷擾和折磨時，就會忍不住罵人。」

「哦，是的是的，」我說，「他會的。我對此有所了解。我自己曾經也常常罵人。」

「什麼！你曾經也罵人？」他問。　「你是怎麼停止的？」

「我從未停止過。」

「為什麼，你現在不說髒話了，是嗎？」

「是的，我已經很多年沒有說髒話了。」

「你怎麼停止的？」

「我從未停止過。它自己停止了。」

他說：「我不明白你的意思。」

我說：「我知道你不明白。我來，就是要和你聊這個。這樣，你只要活著，就再也不會說髒話了」

我告訴他，唯心中有基督，才能將咒詛的惡習挪去。

「好吧，」他說，「我要怎樣才能得到基督呢？」

「馬上跪下來，告訴祂，你想要什麼。」

「但是，」他說，「我這輩子從來沒有跪過。我整天都在詛咒，可我不知道如何禱告，祈求什麼。」

「原來是這樣」我說，「確實令人沮喪，你只在咒詛時濫用神的名，卻不知道如何求祂的憐憫。但祂不會拒絕你。你若想得寬恕，就求神寬恕你。」

然後，那個人就跪下來禱告——只有短短幾句話而已，但感謝神，畢竟，簡短的祈禱，帶來最快的回應。禱告完後，他起身說：「我現在該怎麼辦？」

我說：「去教會，告訴那裡的人，你要成為一個完全徹底的基督徒。」

「我做不了，」他說。「除了參加葬禮，我從不去教會。」

「當下，這正是你去教會，做葬禮以外的事的時候。」我說。

過了一會兒，他答應去，但顧忌人們會怎樣對他說。在接下去的一次教會禱告會上，那人在那裡，我就坐在他前面。他站起身，雙手撐在長凳背上，顫抖得厲害，連我都能感覺到長凳在動。他說：「朋友們，你們都知道我。如果神能拯救像我這樣淒苦的人，我要你們為我的得救祈禱。」

那是三十多年前的事了。前段時間，我回到那個小鎮，但沒有見到他。可是，當我在加利福尼亞的時候，有個人邀請我和他一起吃晚飯。我告訴他，我不能，因為我另有一個約會。然後，他告訴我他的名字，問我是否還記得他。「當然記得，」我說，「告訴我，自從那天晚上你跪下來，求神原諒你之後，你有沒有咒詛？」

他回答說：「從那以後，我再也沒有咒詛的念頭。徹底消失了。」

他不但悔改了，而且成了一名積極認真的基督徒。這些年來，他一直在事奉神。這就是，當一個人從神生時，自然產生的結果。

有哪一位愛詛咒、發誓、說髒話的人，準備好了，把這條誡命放在天平上，來衡量自己嗎？假定，你每六個月或一年只詛咒一次；假定，你十年才詛咒一次；你認為神，會不以你的這種行為為罪嗎？在神的眼中，你的心是不潔淨的。你將如何來面對神，褻瀆者？難道，你不會被裁定有虧欠嗎？就像一根羽毛，你經不起在天平上稱重。

第四章

第四誡

當記念安息日，守為聖日。六日要勞碌做你一切的工，但第七日是向耶和華你 神當守的安息日。這一日你和你的兒女、僕婢、牲畜，並你城裡寄居的客旅，無論何工都不能作；因為六日之內，耶和華造天、地、海，和其中的萬物，第七日便安息，所以耶和華賜福與安息日，定為聖日。（出 20：8-11）

過去的二十五年裡，安息日在本國，有所削弱。像參孫一樣，很多人失去了屬靈的力量，原因是，他們在守安息日這個問題上，不夠堅定。[9] 你能說，你很好地遵守主日嗎？你也許自稱是基督徒；你遵守這條誡命嗎？你是否在主日忘了神的殿，而把時間花在烏七八糟的地方，飲酒作樂，公然蔑

9　有關參孫的故事，讀和合本聖經《士師記》第十六章。

視神和神的律法？你準備好了，在這條誡命的天平上衡量自己嗎？你上個主日在哪裡？你是怎麼度過的？

我真誠地相信，這條誡命，今天和以往一樣具有約束力。我曾與那些說它已被廢除的人交談過，但是，他們無法指出聖經中任何地方，神已把它廢除。當基督在世上時，祂沒有將它擱置一旁。相反，祂把它從文士和法利賽人的條條框框下解放出來，賦予它應得的位置。*安息日是為人設立的，人不是為安息日設立的*（可 2：27）。對於今天的人來說，它和以往一樣實用和必要——事實上，甚至比以往任何時代都更重要；因為，我們生活在一個如此繁忙緊張的時代。

在伊甸園裡，安息日就具有約束力，從那時起就一直有效。這第四條誡命以「*當記念*」這個詞開頭，表明當神在西奈山的石板上寫下這條律法時，安息日已經存在。人們若承認其他九條誡命仍然具有約束力，怎能聲稱這條誡命已被廢除？

我相信，當今的安息日（主日）問題，對整個國家來說，都是一個至關重要的問題。這是當前亟待解決的問題。如果你放棄主日，你就放棄了教會；如果你放棄教會，就會放棄家；家破了，國就亡。而這就是我們正朝著向前滑進的方向。

神的教會正在失去它的力量，因為，許多人放棄安息日，利用這一天來滿足私慾。

如何守安息日

安息日 的意思就是「休息」，這個詞的意思，暗示瞭如何正確遵守這一天。神，在完成創造之後休息，並規定安息日為人類的休息日。祂賜福與它，定其為聖日。「記念*休息日*以守為聖潔。」 經過六天的辛勞，在這一天，身體得以恢復著力，靈魂得以與造物主有更緊密的交通。

真正守安息日可以分為兩大頭：停止日常工作和開始敬拜活動。

停止世俗工作

一個人，應當在七天中的一天，放下他的日常工作。有很多人，由於職業的性質，不能守星期日為安息日，就應該改日為安息日。星期六是我休息的日子，因為我通常在星期天講道，我期待星期六，就像一個小男孩盼望節日那樣。神知道我們需要什麼。

傳道人和傳教士經常告訴我，他們沒有休息日。他們不需要休息天，因為他們為主作工。這是一個錯誤。當神吩咐摩西建造會幕時，推出安息日，命令當嚴格遵守。後來，當摩西將神的話傳達給以色列子民時，他解釋說，在安息日，甚至不能撿木柴來生火，用於冶煉，或其他用途。儘管以色列的工匠們同心協力，日以繼夜地建造聖幕，但在七天中必休息一天。這個誡命不僅適用於古代的以色列工匠，也適用於今天的傳道人，和其他從事基督教事工的人。

緊急必需的工作

任何工作，在判斷是否可以在安息日做時，我們必須考慮這樣做的原因和目的。當然，必要的和緊急的工作除外。我所說的*必要的工作*，是指基督允許在安息日，將牛、驢帶到水邊之類的行為。警衛、警察、蒸汽輪船上的司爐，還有其他的很多人，有責任必須在安息日工作。我所說的*緊急工作*，指的是基督允許在安息日，將牛或驢從坑中拉出來之類的行為。在天災人禍的情況下，一個人不得不做一些原本不該在安息日做的事情。

有一位基督徒，他的雇主，有一次攛掇他星期天工作。「你的聖經不是說，如果你的驢在安息日掉進坑里，你可以把它拉出坑來？」

「沒錯，」 基督徒回答說，「但是，如果那驢子養成習慣，每個安息日掉進同一個坑里，那我只好要么把坑填了，要么把驢子賣了。」

對安息日作工這個問題，每個人都必須以自己的良心來解決。

任何人，都不應該要求另一個人，每週工作七天。規定一天要休息。一個不得不工作七天的人，生活變得單調乏味，沒有什麼可指望的。在這一方面，很多基督徒是有虧欠的。

安息日出行

舉個例子，安息日旅行的問題。我認為，在周日乘坐公交車，剝奪司機和其他人的安息日，這是違反了神的律法。

記得嗎，第四條誡命，明確指出*你城裡寄居的客旅* 得享安息日。這難道不包括安息日出行嗎？

但你會問，「我們該怎麼辦？怎麼去教堂？」

我的回答，「步行。」這對你將會有利。有一次，我在倫敦開佈道會，稀里糊塗，安排了同個安息日在不同的地方佈道四次。預約後，我發現，我必須步行十六英里，來完成當天的佈道。但我堅持步行了，那天晚上，我問心無愧地睡著了。我規定自己，在安息日，永遠不坐公交車；假如我可以乘坐私家車，我會堅持讓司機在星期一休息。我不希望，在審判日，出租車司機都起來反對我。

我的朋友們，我們若想幫助守安息日，就不要讓商人、基督徒在安息日乘坐公交車。我不想擁有這些公司的股票，不然的話，就是從這些人手中，變相地奪走安息日；最終，在審判的日子，必須為此負責。在這一點上，基督徒們，讓我們努力做到問心無愧。

安息日做生意

有許多人，利用安息日來賺錢。這並非是新的罪。先知阿摩斯，就曾猛烈抨擊壓迫剝削者說，*月朔幾時過去，我們好賣糧；安息日幾時過去，我們好擺開麥子；賣出用小升斗，收銀用大戥子，用詭計的天平欺哄人*（摩 8：5）。

不安分守己是貪得無厭的人的本性，但是，直到現在，我們才發現，他們公開利用安息日來營業賺錢。我們被告知，假如沒有安息日的業務，很多公司就無法盈利，所以，報紙的安息日版被認為是最賺錢的。

這個國家的鐵路工人，壓力重重，積勞成疾，五六十歲就嗚呼喪命。鐵路公司認為自己的業務如此重要，火車必須每週七天，一直不停地運行。商人在安息日出差，為了周一早上的業務做好準備。但是，如果他們這樣做，神不會使他們興旺發達。

工作確實對人有益，誡命也說，*六日要勞碌做你一切的工*；然而，過度疲勞，在安息日工作，反而剝奪了人擁有的最有益的東西：身心健康。

必要且有益

恢復安息日並停止當天工作，對國家的健康和幸福產生的良好作用，不可忽視。工作六天后，身體需要調整和恢復。事實證明，一個人，在六天之內，可以做比七天之內更多的事情。比肯斯菲爾德勳爵（Lord Beaconsfield）說：「所有神聖典章中，最神聖的典章，乃是確保人類有一日的休息。我認為，這是賜給人類最珍貴的祝福。它是所有文明的基石，它的除去甚至會影響到人們的健康。」格萊斯頓先生 （Mr. Gladstone）最近告訴一位朋友，他長壽的秘訣在於，無論公務壓力如何，他從未忘記安息日，用以靜心安神，養精蓄銳。美國憲法，保證總統有每週的休息日。總統有十天的時間，「星期日除外」，來考慮一份讓他簽字的法案。共和國的每個工人，都應該像總統一樣，得到完全的保護。如果，工人們舉行罷工，反對在安息日做不必要的工作，一定會得到很多人的同情。

「我們的身體，猶如七天的時鐘，」塔瑪格（Talmage）[10]說，「它需要上發條，如果不上發條，就會亡不待夕。無人能夠持續不斷地不守安息日，尚能保持身心健康。問問年長的人，他們會告訴你，他們從來沒有聽說過，有人可以連續不斷不守安息日，卻能在身心意念上不衰敗。」

所有這些讓人安息的說法，對於作工的牲畜亦如此。神，在這條誡命中沒有忘記它們，人，也不應當忘記它們。

敬拜活動

但安息並不意味著無所事事。無人喜歡長時間的閒散。當某人去度假時，他不會整天無所事事。打網球、打獵、其他等等活動，他會把時間排得滿滿的。一個健康的頭腦，一定會找事情做。

避免不良想法和誘惑的最好方法，是積極參加敬拜活動。

因此，安息日的安息，並不意味著坐著不動。「撒旦會找來一些惡作劇，讓空閒的人去做。」[11] 避免不良想法和誘惑的最好方法，是積極參加敬拜活動。

但是，對於這些敬拜活動，我們要避免走極端。一方面，我們要抵制墨守成規的安息日：那種違背聖經教導，猶如

10 塔瑪格（Thomas De Witt Talmage，1832-1902），美國佈道家、牧師。參見維基百科。

11 原註：出自以撒•華茲（Isaac Watts，1675-1750）聖詩「勤快的小蜜蜂」（"How Doth the Little Busy Bee"）。

法利賽人的形式主義，而非福音精神的安息日。這種墨守成規地守安息日，弊大於利。它使人感到厭倦，安息日反而成為負擔。另一方面，我們要謹慎地提防，懶惰鬆散地守安息日。在很多城市，人們已經對安息日，公開表示不尊重。

當我還是個孩童的時候，安息日從周六的日落一直持續到週日的日落，我記得，我們這些男孩子們，常常在安息日結束時歡呼跳躍。對我們來說，這是一周中最糟糕的一天。但我相信，它可以成為一周中最光亮的一天。每個孩子，都當這樣被撫養長大：也就是，他和他的朋友，說寧願把其他的六天從記憶中剔除，也不願讓童年的安息日從記憶中消失。

公共敬拜

讓安息日成為敬拜活動的一天。首先，當然是參加公共禮拜。「我們，在關於安息日的信條和實際行動之間，存在著差異，」約翰•麥克尼爾（John McNeill）說，「許多家庭，安息日早上十點鐘，是否去教堂，仍然是一個懸而未決的問題。然而，週一的早上，就沒有懸而未決的問題——『約翰，你今天去上班嗎？』」

一位牧師，斥責一位農民不去教堂，說：「你知道，約翰，你從來沒缺席過市場。」

「那當然囉」回答是，「我們必須得去市場。」

有人說，若沒有安息日，基督的教會在地球上，就不是一個有目共睹的組織。另有人說：「我們既要有信仰自由，又要有守誡命的訓練。」人性如此詭譎，除非有什麼特別的理由，我們往往會完全忽略去做一些事情。除非有定期、反復不斷的、指定的時間和方式，一個人根本不可能自覺地敬拜。除非養成這種習慣，每天定有一段特定的時間，不然家庭和個人的靈修，肯定會被完全省略。

回憶

我曾責怪我母親，安息日送我去教會。曾經有一次，牧師不得不派人，到聖堂的樓台上把我叫醒。我曾想，整個星期都在地里幹活，然後還非得去教會，聽我聽不懂的講道，這實在太難了。我離家自立後，我想我肯定不會再去教堂了。但是，我養成了去教會的習慣，結果，我無法放棄。缺席了一兩個安息日後，我又回到了神的家。而且，我第一次在那裡真正地找到了基督，我經常說：「媽媽，我感謝你，在我不想去的時候，你要我去神的家。」

父母們，你若想讓你的孩子長大成人、尊重你，就要讓他們敬守安息日。不要讓他們去釣魚，和壞人混在一起，否則，很快他們就會回家對你不恭、說髒話。當我看到一對父母帶著兒子女兒穿過走道，坐下來一起聆聽神的話語，沒有比此更美好的畫面了。不要讓孩子們坐在離講台偏遠的閣樓角落，讓他們坐在一個明亮顯眼的地方。雖然，他們現在聽不懂講道的內容，但長大後，他們不會想要脫離教會；他們會繼續在神的殿中參加禮拜。

但我們絕不能把手段誤認為目的。我們不要以為，安息日，僅僅是為了參加聚會。有些人認為，花一整天的時間，參加各種聚會和個人靈修，是必需的。結果是，白天沒得休息，夜幕降臨時，累得筋疲力盡。一天參加教堂禮拜的次數，應該量力而行，以喜樂，得益處，不感到身心疲倦為本。參加敬拜、聚會，並不是守安息日的唯一途徑。神曉喻以色列人，不僅在各樣的集會中，還要在他們的住所守安息日。家庭，是對人們的生活、品質有重大影響的中心，應該成為真正守安息日的焦點。

家庭禮拜

耶利米，把不敬虔的家庭，與異教徒歸為一類：*願你將你的忿怒傾在不認識你的列國中，和不求告你名的各族上；因為他們吞了雅各，不但吞了而且毀絕，把他的住處變為荒場*（耶 10：25）。

有不少的母親，時不時寫信給我，徵求建議，如何能在安息日取悅孩子。男孩子們說，「我真希望是晚上」，「我討厭安息日」，或者，「我真希望安息日結束了。」本來，對他們來說，安息日，應該是一周中最快樂、最盼望的一天。要達到這一點，也許有許多的建議要遵循。諸如，讓家庭禱告會變得特別有吸引力，可以讓孩子們從聖經中，學習一些經文、故事。跟在工作日相比，安息日花更多的時間在你的孩子身上；讀書給他們聽，或許，下午或晚上，帶他們去散散步。以身作則，以示安息日是一喜樂，很快，他們就會潛移默化。留出一些時間來，進行有關敬虔的教育，但不要將其當作一項任務。你可以講聖經故事，讓孩子們猜故事中人物的名字，勾起他們的興趣。為年幼的孩子們舉辦週日比賽。有關巴勒斯坦的繪本和拼圖，到處有賣，很容易得到。其他如周日音樂節目，定時器，也很有幫助。再者，提供一些專和安息日有關，有吸引力的書。通過這些方法，有望讓孩子們孜孜欲求，興致勃勃地盼著這一天。

個人敬拜

除了公眾和家庭敬拜之外，個人應當將一部分時間，用於自己的靈命造就。不要忽視個人的祈禱、默想、和閱讀。想想有些人，每週花六天時間來健身——這身體很快就會過去，而捨不得花一天時間在心靈上——那將永遠活下去的靈魂。六天都忙於其他感官，而神要求一天專注於屬靈的成長和操練，這難道太過分？

若你的情況允許，不妨參與一些實際的基督徒事工，如教主日學或探訪病人。

若你的情况允许，不妨参与一些实际的基督徒事工，如教主日学或探访病人。尽你的所能行善。不守安息日为罪，不行善亦为罪。在这个彎曲悖謬的世界，有太多的机会，可以从事慈善和各样的圣工。让你在地上的安息日，成为为信徒准备的永恒安息日的预表。

你想要在你的基督徒生活中获得力量，不是吗？你想要圣灵的力量吗？你要让天上的甘露賜下给你吗？你想看到更多的人皈依归正吗？我坚信，唯有持守神的这条律法，我们才会有真正的归正。

安息日褻瀆

人們似乎認為，有權將聖日改為假日。與四十年前相比，年輕一代有更多的誘惑來違反安息日。現在，有三大誘惑：第一，無軌電車，只要花一分錢就可以去郊外，享受、娛樂一天；第二，自行車，導致許多基督徒放棄安息日，一整天都在郊遊四處；第三，週日報紙。（編者註：顯然，我們得承認，慕迪的這些文章寫在一八零零年代，而現在，交通工具、各項活動已成倍增加，而且繼續增長。）

二十年前，如果有人預言，所有的影劇院，會在安息日都開放，芝加哥的基督徒們會感到震驚；但這就是今天的現實。如果有人二十年前預言，基督徒會在星期天早上踩著輪子出發，然後一整天都在外旅遊，基督徒們會嚇一跳，說這是不可能的。但是，這就是今天，全國各地正在發生的事情。

週日報刊

談起週日報刊，有利於它的所有論據，我都知道——諸如，報刊不是在周日，乃是在周內完成的；週一的報紙，才是在周日完成的，如此等等。但是，每個週日，有二十萬報童在賣報紙。你願讓你的孩子，成為其中的一員嗎？還有人專門負責運輸和分發報紙。你願讓你的安息日，從你手裡被剝奪嗎？如果不是這樣，那就實行黃金法則，連碰都不要碰週日報紙。

這些報刊的內容，任何一天都不適合閱讀，更何況周日。有些紐約時報，作廣告說周日版長達六十頁。翻開報紙，到處充塞著骯髒的醜聞，甚至連其他國家的醜聞，都被重新翻炒一遍。「整整八頁的樂趣！」——那就是星期天的精讀，不是嗎？即便刊登了所謂的佈道，也完全埋沒在八卦新聞之中。牧師們，你若還沒有這樣做的話，現在正是時候，站到講壇上，反對周日報紙。把那些購買和閱讀週日報紙的人，放在天平上衡量衡量。讀了兩三個小時周日報紙後，他也許會去聽世界上最好的佈道，可是，就是再好的信息，也打動不了他。他的腦袋瓜子裡，裝滿了他剛讀過的烏七八糟的東西，根本沒有思想神的空間。我相信，即使是大天使加百列，也無法給滿腦子垃圾的聽眾留下印象。即使你在那人的頭上打個洞，你都無法注入一絲有關神和天堂的思想。

這些報刊的內容，任何一天都不適合閱讀，更何況周日。

我不相信出版商會讓自己的孩子閱讀這些東西。那麼，為什麼他們要把這些東西，灌輸給我和你的孩子呢？

在星期日報紙上做廣告的商人，沒有守安息日。這是魔鬼的絕招，誘使基督徒，為星期一的商業，來做這件事。

然而，即使一個人賺飽了錢，卻毀了兒子、破了家，他又能得到什麼？

女士們買週日報紙，翻遍週一減價、便宜貨的廣告，看看能買到哪些便宜的東西。正如她們的基督信仰一樣，如果不用付出任何代價，就趨之如鶩。（編者註：慕迪先生若看到今天大多數商店在周日營業時，一定會感到震驚。）

如果，基督徒們拒絕買報紙，基督徒商人拒絕在報紙上做廣告，週日報紙很快就會消亡，因為，這些都是報紙獲得最多支持的來源。

他們跟我說，週日報紙一定會繼續下去，我不妨視而不見。癡人說夢！我相信這是一樁大惡，我只要活著，就會與之抗爭到底。我從未讀過一張周日報紙，我不允許家裡有報紙。他們經常送報紙給我，我連一眼都沒看，就把報紙給撕了。我和這些報紙涇渭分明。據我所知，它们对教徒信仰和操练的危害，比任何其他媒介都厉害。這些報紙的影響力，就是不讓尊安息日為聖。這是本不該有的邪惡。難道，一個人不能在周間閱讀足夠新聞，而非要來褻瀆安息日嗎？在戰爭［南北戰爭］之前，我們沒有周日報紙，沒有它們，我們照樣過得很好。從那時起，週日報紙的規模和數量，就一直在增加，我認為，從那以後，報紙的內容就日漸庸俗。如果你相信這一點，就請你與它們抗爭。從你自己開始，把它們除掉。

懲罰或祝福

沒有一個繁榮昌盛的國家，會將安息日踐踏在塵土中。你若能向我出示，一個把安息日視為糞土的國家，我將向你顯明，這是一個栽有毀滅、衰敗種子的國家。我相信，對安息日的褻瀆，會比其他任何事情，更快地摧毀一個國家。亞當從伊甸園被趕出來，婚姻和安息日，也一同帶了出來；不能忽視婚姻和安息日這兩件事，否則，必定遭受災難。以色列的子民進入應許之地時，神告訴他們，讓土地每七年安息守聖一年，並且，祂會在六年裡，賜給相當和七年一樣多的東西。然而，整整四百九十年，以色列人無視這條律法。但是，請你記下來：尼布甲尼撒來了，把他們擄到巴比倫，在那裡囚禁了七十年。以色列人居住在應許之地的那些年裡，祘一下，共有七十個安息年。七乘七十等於四百九十。由此可見，他們並沒有因違反這條律法，而獲得太多收益。你要么給神祂應得的一天，否則，祂自己會從你那裡去掉一天。

另一方面，謹守第四條誡命，會帶來祝福。*你若在安息日掉轉你的腳步，在我的聖日不以操作為喜樂，稱安息日為可喜樂的，稱耶和華的聖日為可尊重的；而且尊敬這日，不辦自己的私事，不隨自己的私意，不說自己的私話，你就以耶和華為樂。耶和華要使你乘駕地的高處，又以你祖雅各的產業養育你，這是耶和華親口說的*（賽 58：13–14）。

我不知道，若我們放棄基督教安息日，這個共和國將會成了什麼樣子。撒但若能在一個點上將信念粉碎，他就能將信念，在所有方面，都徹底粉碎。一八六七年我在法國時，我分不清那一天是哪一天。星期天，商店开门营业，建筑物像往常一样建起来。看看法国衰落得多快。一百年前，法国和英国，在国家、民族进步中，并驾齐驱。今天，他们各站在何处？法国除去了安息日，几乎把自己国家也毁灭了，而英国，则风靡全球。

堅定的立場

我們有抗爭的機會來拯救這個國家；我們需要的是有道德勇氣的男男女女，站起來說：「不，我不會碰週日報紙，我會用我所有的影響力來反對它。如果，我必須在周日才能從路上趕回來，我不會在周六晚上離開。我不會在安息日做不必要的事。我會盡我所能，按照神的吩咐，守安息日為聖。」

有人說，「慕迪先生，你要幹什麼？我必須每週工作七天，否則就會餓死。」

那就餓死吧！十九世紀有一位殉道者，豈不是一件大事？「殉道者的鮮血，是教會的種子。」有人曾說，現在，種子（殉道者）是越來越少。說實話，我們已經很久沒有種子了。我願意為這樣一位殉道者豎立豐碑，以表彰他對神律法的忠誠。我會走遍世界參加他的葬禮。

天若塌下來，我們需要的，就是那些立定心志、堅持做正事的人。若安息日被娛樂取代，成為節假日，那麼，基督教協會、主日學校、教會、和基督教奮進協會，將會變成什麼樣子?人若想要獲得神的力量,難道,現在不正是時候,阻止將安息日淪為節假日嗎?儘管讓人家說你狹隘和偏執,只要你堅持、遵循神的律法,就會得到力量和祝福。我們這個國家,就是需要這樣的基督教。當隨波逐流的人容易,我們需要的,是逆流而上的人。

不守安息日者,你準備好踏上天平了嗎?

第五章

第五誡

當孝敬父母，使你的日子在耶和華你 神賜給你的土地上，得以長久。（出 20：12）

就這條誡命而言，我們同樣生活在黑暗的日子裡。使徒保羅所寫的日子，似乎就落在我們身上：*你該知道，末世必有危險的日子來到。因為那時人要專顧自己，貪愛錢財、自誇、狂傲、謗瀆、違背父母、忘恩負義、心不聖潔、無親情、不解怨、好說饞言，不能自約、性情兇暴、不愛良善*（提後 3：1-3）。如果保羅今天還活著，對當今的狀況，他還能有比這更為精準的描述嗎？與世界上其他文明國家相比，這個國家，可能有更多的人，傷自己父母的心，踐踏神的律法。有多少個兒子，看不起自己的父母，對父母的要求不屑一顧？一個年輕人，會得到父母無微不至的看顧，照看他，滿足他的需求；然而，只要交上個壞朋友，用不了幾週，就把他從父母身邊奪走。有多少女孩子，違背父母的意願，結婚，離家出走，讓自己的生活變得苦澀？據我所知，像這樣的案例，沒有一個，其結果不是很糟糕。除非悔改，否則，這些人就是自找苦吃，自尋死路。

始於家中

前四條誡命，是有關我們與神之間的關係。這些誡命，命令我們當如何敬拜，何時敬拜神；禁止言行不敬和不尊重。現在，神的誡命，轉向人與人彼此之間的關係；而家庭關係是誡命首先要處理的，這豈不是人與人的關係中最重要的部分嗎？然後接下去，神將向我們指明，我們對鄰居的責任。神是如何開始的呢？祂不是跟我們說，國王當如何統治，士兵該如何戰鬥，或者，商人如何做生意，而是告訴我們，兒女們在家中的行為應當如何。

我們會看到，如果孩子們的家庭生活過得好，幾乎可以肯定，他們會很好地遵守神和人的律法。父母，在很多方面，一直到孩子獨立、負責任的年齡，對孩子來說，是代表神的位置。若孩子們對父母忠誠，他們就更容易忠於神。神用人際關係作為我們與祂關係的象徵，無論是在創造中，還是通過恩典。神，是我們在天上的父。我們，是祂的後裔。

另一方面，若沒有學會在家裡順服、尊重，就有可能不尊重國家的法律。這是心的問題，外面的行為好壞，是由心在家中育成。樹之曲直，取決於枝之所向。

當孝敬父母。孝敬　這個詞，不僅僅意味著順服。孩子可能會因害怕而順服。孝敬包括愛、親情、感激和尊重。在東方，阿爸（父親 ）和 阿媽（母親） 這兩個詞，包括在年齡、智慧、文化、或宗教地位上的長輩，所以，當猶太人受教導尊敬父母時，既包括父母，亦包括所有的長輩和位居之上的人。難道今天沒有同樣的訴求嗎？當前的目無法紀，是越來越缺乏尊重當權者的自然結果。

當前的目無法紀，是越來越缺乏尊重當權者的自然結果。

孝敬你的母親

值得注意的是，這條誡命崇尚孝敬母親。但是，在某些東方國家，婦女當今卻受到歧視。幾年前，我在巴勒斯坦（Palestine）時，耶利哥（Jericho）最漂亮的女孩，被她父親賣掉，換回一頭驢。在許多古代國家，就像在今天的異教國家一樣，父母一旦年老體弱就會被殺死。難道，我們不能在這條誡命中看到神的手，將婦女從異教主義的屈辱中，提升到應有的尊榮地位嗎？

*當孝敬父母，使你的日子在耶和華你 神賜給你的土地上，得以長久。*我相信，我們必須回到這古老的真理。你可以輕視它、嘲笑它，但要記住，這條誡命是神所賜的，你不能置若罔聞。我們若回歸到這條律法，就會有力量和祝福。

在世的祝福或詛咒

我相信，且確鑿無疑，我們在世的狀況，取決於我們如何按照這條誡命行事。*要孝敬父母，使你得福，在世長壽。這是第一條帶應許的誡命*（弗 6：2-3）。*當照耶和華你 神所吩咐的，孝敬父母，使你得福，並使你的日子在耶和華 你神所賜你的地上，得以長久*（申 5：16）。*輕慢父母的，必受咒詛*（申 27：16）。*咒罵父母的，他的燈必滅，變為漆黑的黑暗*（箴 20：20）。聖經中，有大量的經文用來闡明這個真理。經驗亦告訴我們同樣的道理。一個善良、有愛心的兒子，通常比一個叛逆的兒子，長大成人後會更優秀。在家中順服、尊重，為以後服從雇主鋪平道路；這些美德與其他美德相結合，使事業興旺，直至晚年，冠以功成名就。不服從，不尊重父母，往往是下滑墮落的第一步。許多罪犯有證說，這是他們誤入歧途的起點處。我活了六十多年，假如我沒有學到別的，就只學到了一門功課，那就是——任何羞辱父母的子女都不會有成就。

年輕小伙子，年輕姑娘，你是怎麼對待你父母的？你若讓我知道，我就會告訴你，你是否將在生活中成功。當我聽到一個年輕人，輕蔑地談論白髮蒼蒼的父母時，我可以說，他實在是他實在是落得低俗無恥、不可救藥了。當我看到一個年輕人，在社會上像紳士一樣彬彬有禮，卻對他的母親大發雷霆，對他的父親言語不恭，我對他的敬虔，根本不屑一顧。如果說，地球上，有任何男女應當得到溫柔相待，那就是慈愛的母親或父親。如果他們一生都得不到你的尊重，你對父母恩勤的回報又是什麼？思想一下，在你年幼的時候，他們如何舐犢情深，茹苦含辛地養育你。

母親的愛

回頭想一想你生病的時候。你母親不理睬你？若有個鄰居進來說：「嬤媽，你去躺下睡吧；你已有一周沒睡覺了；我替你一個晚上，」 你母親這樣做了嗎？沒有吧！如果她疲憊不堪，不得不休息一下，她也是醒睡著；只要一聽到你有動靜，她會立即出現在你身邊，問你所需，為你擦去額頭上的汗珠。如果你想喝水，她很快就將水遞上！若行的話，她樂意將你的疾病轉給自己，來救你。舐犢之愛，為了你，她會不惜一切代價。無論你在罪惡和痛苦中陷得多深，無論你變得多麼不道德，她的心始終有你。或許，因你任性，她更愛你；她要用那永不消亡的慈繩愛索把你牽引回來。

孩子的忘恩負義

我在英國時，曾經讀到一個故事。講的是，有個自稱是基督徒的人，因為不扶養他年邁的父親，被告到地方法官。此人把自己的父親送進救濟院。我的朋友們，我寧願一簞一瓢，也不願讓我的父母去救濟院。簡直難以想像，一個自稱是基督徒的人，會做出這種事！求神憐憫這樣一個不敬虔的基督教！那是枯萎的東西，天堂的氣息能將它驅逐！萬不可一面自稱愛神，一面做那樣的事。

有個朋友告訴我一個故事，說是有個窮人，把兒子送到城裡上學。有一天，父親把一些木頭運進城裡去賣，也許是攢錢給兒子付學費賬單。正巧，那個年輕人和他的兩個同學，都穿著高級時裝，一起在街上走。父親看到了兒子，就很高興，當即把貨放下，跑到人行道上和兒子說話。但這男孩子，見了穿著舊工作服的父親，感到羞恥，對父親嗤之以鼻，說：「我不認識你。」

這樣的年輕人能有成就嗎？絕對不會！

我記得，我在芝加哥教主日學時，校裡有一個非常有前途的年輕人。他父親是一個酒鬼，母親靠洗衣服掙錢，來支付四個孩子的教育費用。這男孩子是長子，我當時以為，他將來會讓全家徹底翻身。但是，有一天，發生了一件事情，使我對他的看法一落千丈。

男孩子在讀高中，而且是個學霸。有一天，他和母親站在一間救濟院的小屋門口，聊天。母親收入菲薄，支付孩子們的學費、吃穿之後，入不敷出，無法租一間好房子住，只好住進救濟院。倆人正說話的時候，有個高中同學從街上走過來。那男孩子見了，馬上就從他媽媽身邊走開了。第二天，那高中同學問男孩子：「那是誰呀？我昨天看到你在和她說話。」

「哦，那是給我洗衣服的女工。」

我說:「可憐的傢伙! 他永遠成不了材。」

那是很多年前的事了。我一直在關注著他。他不斷地下滑,下滑,下滑,現在,成了一個悲慘的廢物。他必然會倒下,因為,他為自己的母親感到羞恥! 他母親疼愛他,茹苦含辛,為他承擔了那麼多的艱辛! 我實在無法向你描述,我對那一幕的蔑視。

光彩的畫面

幾年前,我聽說,一個很窮的女人,送她的兒子讀書,上大學。兒子大學快畢業的時候,邀請媽媽來參加畢業典禮。媽媽回信說不行,因為,她唯一的一條裙子,都已經縫補過一次。她穿著太破舊了,害怕兒子會為她感到羞恥。他回信說,他不在乎她的穿著。在兒子強烈的敦促下,結果她去了。兒子到車站接了母親,帶母親去一個不錯的地方住。兒子畢業的那天,和穿著破爛的母親同走在寬闊的過道上,而且把母親安排在大廳裡最好的座位上。令她大吃一驚的是,兒子是年級的畢業生代表(Valedictorian)。他還得了獎品;當他拿到獎品後,在全場觀眾面前,走下台來,吻了吻母親,說:「看,媽媽,看這獎品。這獎品是屬與你的。如果不是因為你,我不會得到它。」

我為有這樣一個人而感謝神!

聖經一瞥,我們讀到,基督活在地上三十三年,其中的三十年生活鮮有描述,而這三十年卻表明了一個事實: 祂來，不是要廢了，而是要成全，這第五條誡命。基督那沉寂無聲三十年之奧秘，都蘊藏在《路加福音》那節經文中：***他就同他們下去，回到拿撒勒，並且順從他們***（路 2：51）。更甚之，在遭受十字架的巨大痛苦中，祂尚為母親安頓日後的供養，難道，這不正是真正孝順的榜樣嗎？當祂在世的日子裡，難道祂不曾怒責法利賽人對這律法的枉然逃避嗎？祂說，*假冒為善的人哪！以賽亞指著你們說的預言是不錯的。他說：『這百姓用嘴唇尊敬我，心卻遠離我；他們將人的吩咐當作道理教導人，所以拜我也是枉然』*（太 15：7-9）？

> *「你們是離棄 神的誡命，拘守人的遺傳。……摩西說：『當孝敬父母；』又說：『咒罵父母的，必治死他。』 你們倒說：『人若對父母說，我所當奉給你的，已經作了各耳板』（各耳板，就是供獻的意思），以後你們就不容他再奉養父母。這就是你們承接遺傳，廢了 神的道，你們還作許多這樣的事。」* （可 7：8，10-13）

中國，有一個民間習俗。這習俗，對我們這個所謂的基督教國家來說，是應當好好藉鑑的。每年元旦的早晨，從皇帝，到最底層的農民，每個男子都會去拜訪他的母親，並儘其所能，帶給她一份禮物。他衷心感謝母親為其所做的一切，並求在新的一年內，能繼續得到她的寵愛。亞伯拉罕·林肯曾經說過：「我所有的一切，都歸功於我的母親。」

我寧願死一百次，也不願讓我的孩子長大後，對我不恭不敬。我願得他們的尊重，勝過千萬次世界的尊重。我願得他們的敬重和愛戴，勝過得到全世界的敬重。任何人，若單求世界的榮譽和尊重，卻不善待父母，必定會讓人失望。

勸勉

年輕人，你的父母若健在，就當善待他們。盡你所能，使他們的有生之年甜蜜幸福。請記住，這是十誡中唯一的一條誡命，在你有生之年，不能保證定有機會履行。只要你活著，你就能事奉神，遵守安息日，並遵守所有其他誡命；但是，對於大多數人來說，總有一天，父母會相繼去世。當他們在世時，你若沒有向他們表達應有的尊重和愛，一旦當你失去祝福他們的機會時，你將會有多大的痛苦！你有多久沒有給你母親寫信了？或許，你已經有幾個月沒有給家裡寫信了，也有可能是好幾年了。有多少次，我收到母親們的來信，敦促我來感化她們的兒子！

我寧願死一百次，也不願讓我的孩子長大後，對我不恭不敬。

你願意成為誰——約瑟，還是押沙龍？約瑟，心裡一直虧欠，直到把自己的老父親帶來埃及才釋懷。他是埃及最有名望的人，僅次於法老。他衣著華麗；手上戴著法老的戒指，頸上掛著金項鍊。眾人一見他面，便喊道：「主來了，快快跪下!」然而，當他聽說雅各來到時，趕緊出去迎接。面對位穿著牧羊人衣服的百歲老人，他不以為恥。

而在押沙龍身上，我們看到了何等大的差距。押沙龍的叛逆，傷透了他父親大衛的心。據說，猶太人直到今天，每當經過押沙龍的石柱子時，都向它扔石頭，以示對押沙龍不敬行為的極度厭惡。

你準備好稱重衡量了嗎?如果，你一直瞧不起自己的父母，請踏上天平，看看自己有多大的虧欠!我不知道，還有誰，會比輕待父母的人更輕如鴻毛。你存心不順從他們嗎?你試圖欺騙他們嗎?你稱他們為過時，嘲笑他們的建議?你如何對待你那忠心的父親和為你祈禱的母親?

也許，你自稱為基督徒，但是，除非你的信仰融入並教會你如何生活，我對你的信仰，實在是不屑一顧。你若不從家裡做起，不檢驗你對父母的行為，我根本不在乎你信什麼宗教。

第六章

第六誡

不可殺人。（出 20：13）

我曾經說過，「在這無絲毫念頭，永遠不會犯謀殺罪的觀眾面前，討論這樣的誡命有何用處？」但隨著年齡的增長，我才看到，許多謀殺行為，並不一定是直接的殺人。我並非要親手殺人，才被定義為殺人犯。例如，我生氣生到某個程度，希望某人去死，在神眼中，我就是一個殺人犯。神看人心，說恨弟兄的便是殺人犯。

首先，讓我們看看這條誡命，不禁止什麼行為。它不禁止，為了食物和其他原因，而宰殺牲畜。在摩西條文誡律下，每年要宰殺數百萬隻公羊、羔羊和斑鳩作為祭品。基督自己也吃了逾越節的羔羊，我們也知道，祂自己吃了魚，而且提供給祂的門徒，以及聽祂講道的民眾吃。

此誡命也不禁止在自衛中殺死竊賊。在頒布十誡之後，神制定了一項法令，*人若遇見賊挖窟窿，把賊打了，以*

至於死，就不能為他有流血的罪（出 22：2）。當基督說，*家主裡若知道幾更天有賊來，就必警醒，不容人挖透房屋*（太 24：43），這不就是宣稱這種自衛的想法合法？

聖經不禁止死刑。神親自為違反前七條誡命，以及其他罪行，設定了死刑。大洪水過後，神對挪亞說，*凡流人血的，他的血也必被人所流*，其理由今日和當時一樣的真實：*因為　神造人，是照自己的形象造的*（創 9：6）。

誡命禁止的，是在邪惡的動機和情形下，惡意或故意奪取人的生命。人是按照神的形象造的。他是為永恆而造的。他的價值遠超過動物。因此，人的生命應該被視為神聖。一旦被奪走，就永遠無法恢復。在異教徒的地方，人的生命，如同動物的生命，無神聖而言；即使在基督教的國土，也有不珍惜生命、殘酷無情、極端自私的人；然而，神卻賦予生命以很高的價值。十八世紀的一位異教徒哲學家說：「對於宇宙來說，人的生命並不比牡蠣的生命更重要。」[12]　「罪在哪裡呢」　他問道，「從他們的天然的血管裡弄出幾盎司的血來？」[13]　對這樣的謬論，唯一笑置之，無言以答。

12　原註：大衛•休謨（David Hume），Essays, Moral, Political, and Literary, Part III, Essay IX, Section 9, www.econlib.org/library/LFBooks/Hume/hmMPL48.html.

13　原註：大衛•休謨（David Hume），*Essays, Moral, Political, and Literary, Part III, Essay IX, Section 12.*

人的價值

讓我給你讀一段 H. L. 黑斯廷斯 (H. L. Hastings) 的文章：

> 一八四四年，我的一個朋友去了斐濟群島。你猜當時一個土族人在那裡值多少錢？你可以用一桿鳥槍，或七美元的價格，買下一個土族人。買下之後，你可以隨心所欲地對待他。你可以餵他，讓他餓死，讓他作工，鞭打他，或者，把他吃掉。通常，他們是吃掉這些買來的土族人。但是，如果你今天去那裡，你花七百萬美元也買不到一個人。那裡現在沒有人口買賣。是什麼帶來了變化？是什麼導致了人的價值這種巨大的差異？答案，就在那散佈在島嶼上的，一千二百座基督教教會。

當地的人已經學會讀聖經，並從中得到啟示，*知道你們得贖，脫去你們祖宗所傳流虛妄的行為，不是憑著能壞的金銀等物，乃是用憑著基督的寶血，如同無瑕疵、無玷污的羔羊之血*（彼前 1：18-19），從此，他們吸取了這個教訓，就再也沒有人口買賣了。

人們跟我說，世界正在變得如此美好。我們可是在這裡談論我們的美國文明。我們忘記了，此時此刻，犯罪率在我國，正以驚人的速度增長。有報導說，世界上，沒有一個文明國家如同美國那樣，謀殺案頻出無窮，懲罰卻鮮而有之。

自殺

另外一種謀殺，在我們中間，同樣以驚人的速度增加——自殺。每個時代，都有一些非基督徒，主張自殺是擺脫艱難痛苦的正當手段；但思想家們，早到亞里士多德（Aristotle），普遍譴責自殺：自殺，無論在任何情況下，都是懦弱和不合理的行為。無人有權奪取自己的生命，就如無人有權奪取他人的生命一樣。

無人有權奪取自己的生命。

猶太人，神的子民，把日子過得長久視為一種祝福。聖經，沒有提到任何一個好人自殺的例子。四千年的舊約歷史，只記載了四起自殺事件，而新約聖經，只記載了一次自殺事件。這五個事件分別是：以色列王掃羅，幫掃羅拿兵器的兵士，亞希多弗，心利，和加略人猶大。你去查看一下聖經，就知道他們是何許人了。

其他類型的謀殺

但我還想說的是，這個國家，還有很多其他類型的謀殺，儘管它們不屬於法律範圍內的兇殺。一個人，若因犯罪性的疏忽，而導致他人死亡，便是有罪的。賣有病牲畜的肉的販子，讓罪犯酒醉後犯罪的酒店老闆，污染食品的人，以及，在不安全的環境和有害的工作條件下，危害員工和他人生命的雇主，都有著雙手沾滿血的罪過：因其結果是使生命喪失。

一八九二年，我在英國時，遇到一位紳士，他聲稱，在執行法律方面，英國領先於我們。「我們對兇手執行絞刑，」他說，「但在你們國家，二十個殺人犯中，沒有一人被判絞刑。」

我說：「你大錯特錯了，在兩個國家裡，到處都是逃過絞刑、滿街閒逛的兇手。」

「你的意思是？」

「我會告訴你我的意思，」我說。「一個人闖進我家，為了搶我的錢，把匕首刺進我心臟，那便是兇手。但是此人，若與我那位花五年時間，把我和我心爱的妻子慢慢折磨致死的儿子相比，高贵的簡直就像是王子。一個青年人，夜夜喝醉回家，辱罵白髮蒼蒼的母親，剮心挖肝，一寸一寸地殺死她，那才是最黑的兇手。」

這種事情，在我們周圍，簡直是層出不窮。有個大學裡的年輕人，獨生子，他母親寫信給他，不贊成他的賭博和酗酒習慣；他到郵局取信，當看到信來自母親時，二話不說，隨手就把信給撕了。

母親說：「當我發現，我對那兒子已失去影響力時，我實在是痛不欲生。」

一個男孩子，若以他的行為，將母親折磨死了，你不能稱之為謀殺；然而，這正如他用匕首刺穿了母親的心臟一樣，他確實違反了第六條誡命而有罪。如果這個國家，所有那些正在把父母和妻子折磨至死的年輕人，下週都被送上絞刑，那將會有很多的葬禮。

你是如何對待父母的？你是否正在將他們折磨至死？這第六條誡命，很自然的緊隨第五條誡命：當孝敬父母。不要讓他們的有生之年無安詳之日，淒慘而過。請記住，這條誡命，不僅是指那冷血殺害一個人的兇手，亦指那最惡毒的兇手——那月復一月，年復一年，直到把聖潔母親的生命活活掐死，把敬虔父親送進墳墓裡的兒輩們。

基督的教導

讓我們再來看登山寶訓——人們對此都非常熟諳，看看基督說什麼。「*你們聽見有吩咐古人的話，說：『不可殺人，』又說：『凡殺人的，難免受審判。』只是我告訴你們：凡向弟兄動怒的，難免受審判（ 有古卷在 「凡」字下添 「無緣無故地 」五字）；凡罵弟兄是拉加的，難免公會的審斷；凡罵弟兄是魔利的，難免地獄的火*（太 5：21-22）。

「有三種不同程度的謀殺罪，」有人曾說，「所有這些罪，都並非要靠擊打才發洩出來：暗中的惱怒，惡意的嘲笑，以及公開的、突然爆發的、辱罵攻擊性的言語。」

再來看看，使徒約翰說了什麼？*凡恨他弟兄的，就是殺人的；你們曉得凡殺人的，沒有永生存在他裡面*（約壹 3：15）。

你有沒有在心裡，暗暗叨唸某人去死？那就是謀殺。你是否曾經怒不可遏，恨不得某人被傷害？那你就有罪了。我也許在對某位正在滋養不饒恕精神的人講話。那是惡魔的靈，你必須把它從你心中根除。

我們，僅能從人的行為來判斷人——此人做了什麼。然而，神洞察人心。人心，才是違背神的律法的，一切惡念、邪欲的發源地和居所。

再聽一遍耶穌的話：*因為從裡面，就是從人心裡，發出惡念、苟合、偷盜、兇殺、姦淫、貪婪、邪惡、詭詐、淫蕩，嫉妒，誹謗，驕傲，狂妄*（可 7：21-22）。

我們心中若藏匿這些邪惡的東西，願神潔淨我們的心！此時，若我們中間的許多人被稱重，應該不難發現，伯沙撒王的厄運，恰恰是針對我們的——提客勒，顯出你的虧欠！

第七章

第七誡

不可姦淫。（出 20：14）

有個駐軍在印度的英國軍官，一直過著荒淫的生活。有天晚上，軍官心血來潮，找軍牧爭論起有關基督教信仰。談話中，這位軍官說：「基督教一切都很好，不過，你不得不承認，基督教有講不清楚的地方——比如神蹟。」

知道此人和他不齒於人的淫亂生活，牧師平靜地看著他的臉，回答說：「是的，我承認，聖經中有些東西不是很清楚，但是，第七條誡命卻是直接明了。」

直話直說

我真希望我能跳過這條誡命不講，但我覺得，現在不是不要講，而是到了大聲呼喊的時候了。直接、公開地講這條誡命，在今天不是很時髦。「教倫理的教師們普遍同意，在公開教學中，要禁止提有關兩性之間的愛的建議、警告或涵義，」斯托克博士（Dr.　Stalker）說。彷彿這些東西，只能是詩人和小說家的題材。然而，最近有位作家，在英國出版了一本自傳，談到年輕時的愚蠢和荒誕，說是因為他從未聽過有關第七條誡命的佈道。

儘管對淫亂，人們的傾向是不聞不問，但神對此絕無置若罔聞。每當我聽到有人輕描淡寫地對待淫亂放蕩時，我就拿起聖經，看看神是如何讓詛咒、忿怒降臨到這罪孽。

不可姦淫。（出 20：14）

因為這是大罪，是審判官當罰的罪孽。這本是火焚燒，直到毀滅，必拔除我所有的家產。
（伯 31：11-12）

因為妓女能使人只剩一塊餅，淫婦獵取人寶貴的生命。人若懷裡揣火，衣服豈能不燒呢？人若在火炭上走，腳豈能不燙呢？親近鄰舍之妻的，也是如此；凡挨近她的，不免受罰。與婦人行淫的，便是無知；行這事的，必喪掉生命。他必受傷損，必被凌辱；他的羞恥不得塗抹。
（箴 6：26-29，32-33）

你們豈不知不義的人不能承受　神的國嗎？

不要自欺！無論是淫亂的、拜偶像的、 姦淫的、作孌童的、親男色的、偷竊的、貪婪的、醉酒的、辱罵的、勒索的，都不能承受 神的國。
（林前 6：9-10）

至於淫亂並一切污穢，或是貪婪，在你們中間連提都不可，方合聖徒的體統。淫詞、妄語和戲笑的話，都不相宜； 總要說感謝的話。因為你們確實地知道，無論是淫亂的，是污穢的，是有貪心的，在基督和 神的國里都是無分的；有貪心的，就與拜偶像的一樣。不要被人虛浮的話欺哄；因這些事， 神的忿怒必臨到那悖逆之子。所以你們不要與他們同夥。
（弗 5：3-7）

淫亂的……他們的分就在燒著硫磺的火湖里；這是第二次的死。 …… 城外有那些……淫亂的。（啟 21：8；22：15）

從頭到尾，整本聖經，有多處是神對這污穢淫亂之行的忿怒和警告。用詞直截了當，毫無妥協之處。

婚姻與家庭

這條誡命，是神設置的，用來保護婚姻和家庭的堡壘。

婚姻，是伊甸園裡就有的製度典章之一；早於先祖墮落這前。這是人與人之間最神聖的關係，甚至超過親子關係。有人指出，如神起初造一男一女，這是萬世萬代、永遠不變的倫理。當這一家庭關係被忽視、遭羞辱時，其結果總是悲慘的。家庭的存在先於教會，除非家庭保持純潔無污，否則，家庭敬虔就不存在，教會就處於危險之中。淫亂放蕩使一個又一個國家滅亡消失了。不是因它的緣故，所多瑪和蛾摩拉，遭從天而降的火和硫磺嗎？是什麼驅使羅馬走向毀滅？故事，就在龐貝城（Pompeii）和那不勒斯（Naples）的淫穢壁畫和雕像之中。任何地方，家庭若沒有神聖性，人口就減少，家庭美德消失，孩子從出生就走向墮落，因為腐爛的種子已經種下。一八九五年，這個國家（注：美國）有兩萬五千人離婚。[14] 前些日子，我去了一個著名城市的高檔區，我聽說，除了兩個家庭之外，每家都有一個離婚的兒子或女兒。淫亂和離婚是攜手共進，淫亂必造成離婚。背棄了這條古老的律法，我們並沒有得到什麼收穫，難道不是嗎？

色欲，是魔鬼的愛的贗品。

魔鬼的贗品

色欲，是魔鬼的愛的贗品。世上，沒有比純潔的愛情更美好

14　原註：2016年，美國差不多每36秒鐘就有一樁離婚案。統計下來，每天有2,400樁，每星期16,800樁，每年 876,000樁。 McKinley Irvin Family Law: www.mckinleyirvin.com/Family-Law-Blog/ 2012/ October/32-Shocking-Divorce-Statistics.aspx.

的東西，同樣，沒有什麼東西比色欲更具有毀滅性。我不知道，比起姦淫和此誡命所譴責的同類罪來，下地獄還有更快更短的途徑。聖經說，*因為人心里相信，就可以稱義，但是，姦淫和酒，並新酒，奪去人的心*（羅 10：10；何 4：11）。色欲，將會奪去男人心中純潔自然的感情。他為了某個下賤的妓女，會不惜踐踏聖潔美麗妻子的感情和好言相勸。

年輕人，你正過著污穢的生活？假設神的天平在你面前落下；你會怎麼做？你適合於天國嗎？你很清楚你不適合。你討厭自己。當你面對純潔的生活，或你的妻子或母親時，你會說：「我真是一個卑鄙的惡人！放蕩不羈的肉慾，正在把我帶入早早而來且不光彩的墳墓。」

願神向我們揭示，這是多麼可怕的罪！居然敢輕視它！我不知道，還有什麼罪會使一個人更快的墮落毀滅。當我想到世界上正在發生的事情時，我實在感到震驚——這麼多的年輕人過著不純潔的生活，當談起女性的美德，好像沒有任何價值。今天，這罪就像洪水氾濫，將我們吞淹。每個城市都有一大群的妓女。成千上萬的年輕人正徹底沉淪在這可詛咒的罪中。

浪女

我認為，在美國，日光之下最陰暗的事情，就是女人被男人毀了之後的後續；通常，還是在平等的婚姻承諾的幌子下。浪子回家時，還得到上好的袍子和肥牛犢（譯者註：見和合本《 路加福音》十五章），但浪女得到什麼？儘管，她受到的傷害多於其罪，她還是遭到社會的拋棄和排斥。除非她以自殺來加速她的厄運，她被注定要過一種幾乎絕望的生活；屈辱，羞恥，逐漸沉入一個可怕的墳墓。然而，那把她身心都毀了的壞傢伙，依舊昂首挺胸——社會不認為他有任何污點。同樣的一個人，他若賭搏欠債不還，或被查出賭搏作弊，就會立即被社會淘汰；但是，他可以吹噓自己放蕩的生活，而他的伙伴們卻對此毫不在意。父母亦如此：他們不願讓女兒結識一個禮儀上粗俗的男人，卻會毫不猶豫地接受以不純潔著稱的男性社團。

談到偷竊——那竊取女人美德的男人，是世上最卑鄙的小偷！與竊取你姐姐的美德，或竊奪你妻子的感情、搶走你妻子的卑鄙、好色之徒相比，進你家偷錢的人簡直就是王子；世界上，沒有一個小偷小摸的竊賊像他一樣卑鄙。人們通過法律來保護他們的財產，但是，對他們來說更親近、更珍貴的東西被掠走時，卻視若無睹！假如一個男子，將一位年輕女士，推入河中淹死，按法律他將被逮捕，並以謀殺罪受審。然而，他若贏得了她的好感，玷污了她，然後又拋棄了她，那他豈不是比殺人犯還壞嗎？有些罪比謀殺更嚴重，這就是其中之一。有人若這樣對待你的妻子或姐姐，你會想開槍打死他。既然如此，為什麼，你不願像尊重你母親和姐姐那樣，尊重所有的女人？ 「這是什麼法律，居然可以原諒淫穢的猛禽，卻把被玷污和流血的鴿子一腳踢開？」[15]

從神來的審判

神已經指定解決這件事的日子。*不要自欺， 神是輕慢不得的；人種的是什麼，收的也是什麼*（加 6：7）。祂要照各人所行的報應各人。你可能穿過教堂的過道，坐下聽道，以為沒有人知道你的罪。但神坐在寶座上，祂一定會審判你。你相信，神會允許這種地獄般的事情繼續下去嗎——女人承擔所有的責任，而有罪的男人卻不受懲罰？神已經指定日子，祂將以公義審判這個世界，而且，這日子正飛快地來到。

如果你犯了這個罪，你要立即悔改，不要過了今天。如果你活在一些隱秘的罪中，或滋養著污穢的思想，請堅信，靠著神的恩典，你定會得拯救。只要悔改，並竭盡全力修復，我不相信，一個犯了此罪的人永遠不會看到神的國度。

那起初的快樂和興奮——使那麼多人誤入歧途，很快就過去了，剩下的只是邪惡。

邪惡的結果

即使在今生，通姦和不潔，在肉體和精神上，都有著可怕的後果。那起初的快樂和興奮——使那麼多人誤入歧途，

15 原註：弗雷德里克•威廉•法拉（Frederic William Farrar）, The Voice from Sinai: The Eternal Bases of the Moral Law (New York: Thomas Whittaker, 1892), 220.

很快就過去了，剩下的只是邪惡。罪惡，如蝎子般，有著帶刺的尾巴。身體若行了罪，身體最終受苦。保羅說，人所犯的，無論什麼罪，都在身體以外，唯行淫的，是得罪自己的身子（林前 6：18）。大自然本身，以無名的疾病懲罰得罪的身體，而罪人最終墮入墳墓腐爛，留下其罪的影響，繼續腐蝕他的後代。在這世上，有些國家，整個男性社會已被這種可怕的禍害摧毀。

姦淫，把一個人降到比野獸還低的地位。它還將記憶給玷污了。我相信，記憶是不死的蟲子，淫穢不潔的故事、行為將永遠存在記憶裡。一個人即使悔改歸正，改過自新，也常常為過去的劣跡而掙扎。

情慾使參孫落入大利拉的權勢，大利拉藉此奪走了他的力量（士 16：4-21）。情慾導致大衛殺人，使神的忿怒降在他身上；如果他不痛悔，他就會失去天堂（撒下 11：14-17; 12：9-15）。我相信，如果約瑟抵不住波提乏妻子的引誘，他的光就會消失在黑暗中（創 39：7-12）。

姦淫，通常以兩種結局告終：要么，因意識到失去純潔，而深感悔恨和羞愧；要么，內心變得更剛硬，反而變本加利地犯姦淫——這種結局更為可怕。

今天，我們常常聽到的是各種各樣的感情喜好。這個罪自己宣染自己；從臉上和行為上它表露出一些痕跡，但它把自己更是深藏在黑夜的陰影中。涉足這個邪惡的人，一步一步地淪落，直到其心地破碎，名聲毀壞，健康消失，生活變得像地獄一樣黑暗。願神喚醒這個國家，能看到這罪惡正蔓延到何等程度！

難道，有人會否認，如聖經所說，浪蕩女人的房子 *是在陰間之路，下到死亡之宮*（箴 7：27）嗎？難道，很多人的品格，不是因這該死的罪，整個一生都被毀了嗎？妻子們，難道不是寧願進墳墓，也不願過如此的生活嗎？幾年前，很多男人和純潔的女人在神面前結合，承諾愛她、珍惜她。可是現在，他卻把感情交給應召女郎，給妻子和孩子帶來毀滅！

你有罪嗎？

年輕人，年輕姑娘，你自知有罪嗎？記住基督怎麼說：*你們聽見有話說，「不可姦淫。」只是我告訴你們，凡看見婦女就動淫念的，這人心裡已經與她犯姦淫了*（馬 5：27-28）。有多少人想要悔改，但手腳被捆綁，原因是有一些妓女，腳被釘在地獄裡，抱住他說：「若是你拋棄我，我就讓你出醜！」請問，你能把那墮落的女人一起帶上，踏上天平？

你若犯了這可怕的罪，就趕快保命吧。趁著還有時間，聆聽神的聲音。向祂認罪。求祂打開捆綁你的鎖鏈。求祂使你戰勝你的情慾。若是你的右眼犯了邪，就把它剜出來扔掉。若是你的右手冒犯了，就把它砍掉。像參孫一樣，渾身顫抖，說：「靠著神的恩典，我不會下到姦淫者的墳墓裡。」

姦淫者，你尚有希望。淫婦，你也有希望。只要你悔改，神不會拒絕你。無論你陷在罪惡和苦難中多深，你都可能被潔淨，成聖，因主耶穌的名和神的靈而稱義。記得基督對那個有罪婦人說的話：*你的罪赦免了。你的信救了你，平平安安地回去吧！*對那行淫時被抓的婦人說：*去吧！從此不要再犯罪了*（路 7：48，50；約 8：11）。

第八章

第八誡

不可偷盜。（出 20：15）

在奴隸制時代，有個奴隸，帶著很大的能力佈道。他的主人聽說了，找他來，說：「我知道你在佈道？」

「是的，」奴隸說。

「好吧，」 主人說，「我會給你需要的時間，我要你準備一篇關於十誡的佈道，特別著重偷竊，因為莊園裡偷竊的事情很多。 」

那奴隸的臉色頓時沉了下來。他說他不想那樣做，因為那個主題不如其它題材那樣溫暖。

我注意到，當你就先祖的罪孽來講道時，人們欣然滿意，但當你談到今天的罪孽時，他們就不喜歡。因為，觸及到的東西有切膚之痛。然而，我們必須在教會中一遍又一遍地陳述這些古老的教義。也許，沒有必要在這裡談論嚴重違反第八條誡命的行為，因為法律會處理這些行為；

但是，偷盜不全是一定要打開保險箱和扒竊。許多人不會拿走屬於個人的東西，但從政府或大公司偷竊卻毫不在意。你若從富人那裡偷東西，就如同從窮人那裡偷東西，同樣是一種罪過。你若對你買的東西的價值撒謊，你不是想欺騙顧客嗎？*買物的說：「不好！不好！」及至買去，他便自誇*（箴 20：14）。

你若從富人那裡偷東西，就如同從窮人那裡偷東西，同樣是一種罪過。

另一方面，有許多人，自己不偷盜，但持有靠不誠實手段得利潤的公司的股份，這就應了：*你們和不信的原不相配，不要同負一軛。義和不義有什麼相交呢？光明和黑暗有什麼相通呢？*（林後 6：14）

有個年輕人，是我們芝加哥聖經學院的。他有一次坐電纜車，在售票員過來收車費之前，車就到達學院，他沒有付車費就下了車。之後，回想起這件事時，他對自己說，「這是不對的。我已經坐了車，我應該付車費。」

他記得售票員的臉，就找到售票員，付給他五分錢。

「有意思，」售票員說，「你可真是個傻瓜，不留下這錢。」

「不對，」年輕人說，「我不是傻瓜。我坐了車，應該付車費。」

「但是，有沒有收錢，那可是我的責任。」

「不對，是我的責任把錢交給你。」

售票員說：「我想，你一定是那個聖經學院的。」

我聽到過少許有關聖經學院的故事，沒有比這件事更能讓我高興了。沒過多久，那售票員來學院，請那學生去他家探訪。於是，在他家裡開始了聖經學習，不僅是他，還有其他一些來參加學習的人，都因此皈依歸正了。

鮮有的日子，你不會在報紙上讀到某家銀行的出納員貪污，或者，某項大型詐騙活動，毀掉了數十人；某項失敗的背信、欺詐性業務，等等，諸如此類的醜聞。這些事情，在全國各地，層出不窮。

我希望，我們能把賭博徹底清除，因為賭博必導致偷竊。若基督徒們能採取正確的立場，他們能在很多場所進行檢查，中止賭博。

惡習始於何處

惡習通常從家里和學校開始。父母對偷竊的譴責和懲罰非常寬鬆。孩子的偷竊行為，也許從偷吃糖果開始。初時，母親對此不以為然，孩子的良心雖受侵犯，但無任何錯誤感。很快，要改變這個習慣就不是一件易事，因為，每一個新的冒犯，使其惡性膨脹，終成痼疾。

被盜物品的價值與偷竊罪的大小無關。曾經，有兩人為此問題爭論，其中一個人說：「你不會說，偷一枚別針和偷一塊錢，對神來說，都是一樣的吧？」

「當你能告訴我，對神來說，一枚別針和一美元的價值區別時，」另一個說，「我就會回答你的問題。」

價值或數量，不是我們要考慮的，我們要考慮的，是行為本身是對還是錯。部分服從是不夠的；服從必須是完全的。小的放縱，小的過犯，正是把敬虔逐出靈魂的原因。千里之堤，潰於蟻穴。這些小偷小摸，為更嚴重的罪，奠定了基礎。倘若你降服於小試探，當大試探臨到你時，你將無法抗拒。

神的砝碼

你是否曾向他人勒索金錢或信息？你準備好踏上神的天平秤量了嗎？你將如何對待神的譴責：……*有向借錢的弟兄取利，向借糧的弟兄多要的。且因貪得無厭，欺壓鄰居奪取財物，竟忘了我。這是主耶和華說的*（結 22：12）。

雇主，你是否對迫使員工過度工作，而深有負罪感？你是否騙取了僱工的工資？你是否支付最低工資？*困苦窮乏的僱工，無論是你的弟兄，或是在你城裡寄居的，你不可欺負他*（申 24：14）。*主萬軍之耶和華說：「你為何壓制我的百姓，搓磨貧窮人的臉呢？」*（賽 3：15）。*看哪，工人給你們收割莊稼，你們虧欠他們的工錢；這工錢有聲音呼叫。並且那收割之人的冤聲已經進入萬軍之主的耳了*（雅 5：4）。

而你，這被雇傭的人，你對你的雇主誠實嗎？你是否趁他不注意，消磨時間來詐他？現在，若神召你站到祂面前，你有什麼話好說？

讓商家踩在天平上。你將如何面對神的律法？你是否在銷售中作弊？你是否魚目混珠，以劣品代替真品？你的廣告是騙人的嗎？你的低價格，是否因數量或質量上打折扣，來欺騙你的顧客？你是否慫恿你的店員，在商品上貼上假標籤，以高價出售來獲得更多的利？你明知道是半棉的，卻叫他們說是全羊毛的？你在重量或尺寸上作弊？看看神怎麼說：*我若用不公道的天平和囊中詭詐的法碼，豈可算為清潔呢*（彌 6：11）？*你囊中不可有一大一小兩樣的法碼。你家裡不可有一大一小兩樣的升斗。當用對準公平的法碼，公平的升斗。這樣，在耶和華你 神所賜給你的地上，你的日子就可以長久*（申 25：13-15）。*你們施行審判，不可行不義；在尺、秤、升、斗上，也是如此。要用公道天平、公道法碼、公道升斗、公道秤*（利 19：35-36）。*你也像說這話的那些人：月朔幾時過去，我們好賣糧；安息日幾時過後，我們要擺開麥子，賣出用小升斗，收銀用大戥子，用詭詐的天平欺哄人，好用銀子買貧寒人，用一雙鞋換窮乏人，將壞了的麥子賣給人*（摩 8：5-6）。

「你若指給我看，一個做買賣不誠實的人，」弗朗德（Fronde）說，「我就指給你看，那人所謂的敬虔是虛假的。」[16] 除非你的敬虔，能讓你在做生意上誠實公道，否則它分文不值。這不是真正的敬虔。神是一位公義的神，沒有一個真正跟隨祂的人，可以偏離左右而不違背祂的道。

16　原註：Fronde（弗朗德），Indiana State Sentinel, Volume 27, No. 66 (November 20, 1878)。

竊物的負擔

我聽說過一個故事，說是有個男孩，從海軍造船廠偷了一個榴彈。他見機行動，偷偷溜進造船廠，把榴彈偷到手。但是，當他把榴彈偷到手後，卻不知如何處理。那榴彈又重又大，無法藏在口袋裡，他只好把它藏在帽子底下。回家後，他不敢拿榴彈給父母看，因為怕被發現這是偷來的。多年以後，他說，這是他偷過的最後一件東西。

另一個故事，講得是維多利亞女王，有一顆價值六十萬美元的鑽石被偷了。那鑽石是從受僱鑲嵌的珠寶商的櫥窗裡被偷走的。幾個月後，有個窮困潦倒的人，慘死在一間簡陋的宿舍裡。結果，在他的口袋裡，發現了被偷的鑽石，另外，還有一封信。信裡說，他不敢把鑽石賣了，否則，他會被發現，抓起來下監牢。除了惶惶不安，終日愁苦不堪，鑽石沒有帶給他任何好處。

人，若拿了不屬自己的錢，就永無安寧。

你偷的每樣東西，對你都是詛咒。罪，乃是無孔不入。人，若拿了不屬自己的錢，就永無安寧。他沒有真正的快樂，因為，他有愧疚感。他無法正視一個誠實的人。他，既在現今失去了內心的平安，而且，還失去了進天堂的希望。*那不按正道得財的，好像鷓鴣抱不是自己下的蛋；到了中年，那財都必離開他，他終久成為愚頑人*（耶 17：11）。*不要一個人在這事上越分，欺負他的弟兄；因為這一類的事，主必報應，正如我預先對你們說過，又切切囑咐你們的*（帖前 4：6）。

我也許正在和某個店員談話。他今天可能從雇主的抽屜裡，拿了五美分，買了一支雪茄。或許，他拿了十美分，去刮了鬍子。他以為明天把錢放回去，就無人知曉。事實上，如果你拿了一分錢，你就是小偷。你有沒有想過，這些偷雞摸狗的事，會讓你走向毀滅？你敢讓你的雇主知道？假如他不把你告上法庭，他也一定會解僱你。你未來的希望將破滅，因為要重新開始，那將是艱苦的工作。所以，無論你的境況如何，千萬不要拿不屬於你的一分錢。與其偷東西，不如在貧窮中上天堂——從救濟院上天堂。做一名誠實的人，而不是那坐著鍍金戰車，滿載偷來的財富，周遊世界的人。

補償

如果你曾經不誠實地拿了錢，直到你把錢還清了，你沒有必要來祈求神原諒你，並用聖靈來充滿你。假如你現在沒有錢還，但你只要願意去做，神會接受你的心意。

許多人被困在黑暗和不安中，原因是在補償這一點上沒有順服神。如果犁頭深耕——若是真正的悔改，就會結出果實。我若對人做了錯事，或不義的從他身上拿走任何東西，除非我改過自新，否則，我來到神面前有什麼用？撒該就是一個很好的例子，他說，*主啊，我把所有的一半給窮人；我若訛詐了誰，就還他四倍*（路 19：8）。*還人的當頭和所搶奪的，遵行生命的律例，不作罪孽，他必定存活，*

不致死亡。他所犯的一切罪必不被記念。他行了正直與合理的事，必定存活（結 33：15-16）。認罪和賠償是得寬恕的前導。在你未踏出這兩步之前，你的良心會不安，罪會困擾作祟。

認罪和賠償是得寬恕的前導。

幾年前，我在不列顛哥倫比亞省（British Columbia）佈道，有個年輕人來找我，說想成為基督徒。長久以來，他一直走私鴉片到美國。

「我的朋友，」我說，「我認為，在你做出賠償之前，你沒有任何機會成為基督徒。」

他說：「如果我這樣做，我會落入法律的手掌，我會進監獄。」

「確實是這樣，」我回答說，「但你最好這樣做，而不是帶著你靈魂上的罪愆，去到神的審判台前，接受永恆的懲罰。如果，你擺正臉做正事，主是非常仁慈的。」

他傷心地走了，第二天，又回來說：「我有一個年輕的妻子和孩子，我家裡所有的家具，都是我用這種不義的錢買的。如果我成為基督徒，那家具就得搬走，我妻子就會知道。」

「最好讓你的妻子知道，不要眷戀你的家和家具。」

「你能來我家，探訪我的妻子嗎？」他問。 「我真不知道，她會說什麼。」

我去看她了。當我告訴她這情況時，她淚流滿面，說：「慕迪先生，如果我丈夫能成為一名真正的基督徒，我樂意付出一切。」

她拿出她的錢包，分文不餘，全部掏出。那人在美國有一塊土地，他把它上交給了政府。至今為止，在我有生之年，我不知道有哪個活著的人，比起那人來，有為耶穌基督更好的見證。他曾經是不誠實的，然而，當真相呈現，他必須糾正才能讓神幫助他時，他立馬改正了。此後，神奇妙地使用了他。

除非你認罪悔改，並作出賠償，否則為罪痛哭流涕，百般後悔，都無濟於事。

第九章

第九誡

不可作假見證陷害人。（出 20：16）

十誡中有兩條是有關以喉舌表達的罪：第三誡，禁止妄稱神的名；第九誡，禁止作假見證陷害人。這雙重的禁止，作為一個嚴肅的警告，應該給我們留下深刻的印象；尤其是，當我們看到，《聖經》中，有多處對口出惡言之罪的譴責。 《詩篇》、《箴言》、和《雅各書》，主要都是涉及這個主題。

抱純守真

比鳥獸群更高出一層，有系統的人類社會，全仗語言的力量；沒有語言，文明社會將不復存在。語言是文明社會結構中的基本要素。要達此目的，語言必須是值得信賴的。言必有信。如水泥為穩固房屋之關鍵，若將之混渾摻雜，終將使房屋倒毀。保羅說，*所以你們要棄絕謊言，各人與鄰舍說真話，因為我們是互相為肢體*（弗 4：25）。請注意此經文的緣由——我們是互相為肢體。一個人，若不知道是否應該信任他的鄰居，那麼，所有社區，聯盟，和協會，都將破碎。

違反這條誡命的罪是形式多樣，屢見不鮮。每個年齡段的男女都需要提防這些罪。其中有一些罪是最令人頭疼的。大衛曾急忙地說，*「人都是說謊的！」*（詩 116：11）。曾有人評論說，大衛要是活在今天，他可以很坦然地這樣說，因為，事實確實如此。

偽證

禁止作假證，但這不限於在法庭作證，或在宣誓下作證。人若必須宣誓，才能保證其說的是真話，光這本身不就是一種譴責嗎？偽證——既在宣誓下作假證，作為違法行為，是最嚴重的罪行之一。對此，幾乎每個文明國家都給於嚴厲的懲罰。對偽證，除非及時審查處理，否則的話，它將動搖司法系統的核心基礎。

說謊，既說假話，誹謗，既散佈謠言破壞他人的名譽，是最常見的兩種違反這條誡命的行為。

說謊

我們常把謊言分為黑白謊言，社交性和商業性謊言。神的道不會這樣來降低標準。謊言就是謊言，無論是在什麼情況下，或是由誰說出來的。我聽說，在遠東，他們會把騙子的嘴縫上。我擔心，如果這是美國的習俗，恐怕很多人會遭封嘴之苦。父母，應該從孩子小的時候開始，教導他們在任何時候都要嚴格誠實。有句哩語：「謊言無腿。」 它需要其他謊言來支持。你若撒了一個謊，就不得不告訴別人來支持你的謊言。

誹謗

既然你不喜歡任何人，對你作偽證，毀壞你的品格和名譽；那你為何要對別人這樣做？看看本國的公眾人物是如何被誹謗的！無論好壞，無一逃脫。新聞界，以及對這些公眾人物知之甚少或一無所知的人，對他們、他們的家人和他們的品格品頭論足。如果這些品頭論足，有十分之一是真實的，那麼，這些人物中，至少有一半應該下監獄。誹謗被稱為「殺人之喉舌」。誹謗者如蒼蠅一般，老喜歡叮瘡疤，從來不碰好的地方。

你若撒了一個謊，就不得不告訴別人來支持你的謊言。

如果，大天使加百列降臨人間，參與世事，我相信，不出四十八小時，他的品格將遭到攻擊。誹謗者稱基督為饕食者和酒鬼。耶穌宣稱自己是真理，但人們非但不敬拜祂，反而將祂釘死在十字架上。

據說，每當有人在彼得大帝（Peter the Great）面前說別人壞話時，他會立即阻止那人說：「怎麼，他難道沒有光明的一面嗎？請告訴我，你對他好的方面的了解。往人外套上抹泥巴很容易，但我寧願幫助一個人保持外套乾淨。」

我用不著將這三個罪相關的惡行一一列出。謠言、誇大其詞、歪曲、影射、流言蜚語、似是而非、該說實話時隱瞞真相、貶低、和曲解本意——這些都是違反第九條誡命的常見行為，只是根據動機或表達方式，其犯罪形式和程度有所不同。所有這些，都是用來在公眾輿論壇上對某人作偽證攻擊——而這個論壇的裁決，我們誰都逃不過。我們生活的大部分時間，都在公眾視野中，任何謊言，導致對我們誤判，都是極端的錯誤。

敬虔的考驗

雅各將管住舌頭作為對敬虔的考驗。*若有人自以為虔誠，卻勒不住他的舌頭，反欺哄自己的心，這人的虔誠就是虛的。原來我們在許多事上都得有過失；若有人在話語上沒有過失，他就是完全的人，也能勒住自己的全身*（雅 1：26；3：2）。就像醫生看舌頭，可以看出身體的健康狀況一樣，言為心聲，人口中所說的，是內心的反映。真理出自善良的心；謊言和欺騙出自腐敗的心。當亞拿尼亞把賣田產的價錢私自留下幾份，彼得責問他，*為什麼撒旦充滿了你的心，叫你欺哄聖靈*（徒 5：3）？撒旦是謊言之父，亦是謊言的煽動者。

善惡皆可為其用

舌頭是工具，既可傳揚那鮮為人知的善，亦可吐出不可估量的惡。有人曾說，鋒利的舌頭，是唯一的利器，隨著不斷的使用，日臻完善，鋒芒逼人。*你的舌頭邪惡詭詐，好像剃頭刀，快利傷人*（詩 52：2）。*他們使舌頭尖利如蛇，嘴裡有虺蛇的毒氣*（詩 140：3）。*義人的口是生命的泉源，強暴蒙蔽惡人的口*（箴 10：11）。*溫良的舌，是生命樹；乖謬的嘴，使人心碎*（箴 15：4）。霍爾主教（Bishop Hall）說，愛管閒事的人的舌頭，如參孫的狐狸的尾巴——它們攜帶著火把，足以讓整個世界著火。

> *我們若把嚼環放在馬嘴裡，叫它順服，就能調動它的全身。看哪，船隻雖然甚大，又被大風催逼，只用小小的舵，就隨著掌舵的意思轉動。這樣，舌頭在百體裡也是最小的，卻能說大話。*

> *看哪，最小的火能點著最大的樹林。舌頭就是火，在我們百體中，舌頭是個罪惡的世界，能污穢全身，也能把生命的輪子點起來，並且是從地獄裡點著的。各類的走獸、飛禽、昆蟲、水族，本來都可以製伏，也已經被人制伏了；惟獨舌頭沒有人能製伏，是不止息的惡物，滿了*

> *害死人的毒氣。我們用舌頭頌讚那為主、為父的，又用舌頭咒詛那照著 神形像被造的人。頌讚和咒詛從一個口裡出來！我的弟兄們，這是不應當的！泉源從一個眼裡能發出甜苦兩樣的水嗎？我的弟兄們，無花果樹能生橄欖嗎？葡萄樹能結無花果嗎？鹹水裡也不能發出甜水來。*
>
> *你們中間誰是有智慧有見識的呢？他就當在智慧的溫柔上顯出他的善行來。你們心裡若懷著苦毒的嫉妒和分爭，就不可自誇，也不可說謊話抵擋真道。這樣的智慧不是從上頭來的，乃是屬地的，屬情慾的，屬鬼魔的。在何處有嫉妒、分爭，就在何處有擾亂和各樣的壞事。*（雅 3：3-14）

說話最危險的地方，既一言既出，駟馬難追。

希望和名聲的破滅是舌頭邪惡力量的見證。在許多情況下，舌頭還謀殺了它的受害者。難道不記得，多少男男女女，因誹謗和污衊而死的例子嗎？這樣的例子，歷史上多有記載。

文字的永恆性

說話最危險的地方，即一言既出，駟馬難追。有人說，撒謊比偽造錢鈔更糟糕。找回所有的假幣還是有可能的，然而，一個邪惡的詞卻永遠無法刪除。聽者，或讀者的心靈已被毒化，人無法用工具進入心靈淨化。謊言永遠無法挽回。

有個以八卦出名的饒舌婦，來找神父懺悔。神父沒多說，給了她一把大薊籽，叫她出去，把花籽一粒一粒的撒在地上。她對這種贖罪法感到吃驚，但還是服從了。撒完後，她來告訴神父。接下來，神父讓她去把散落的花籽，一粒一粒的收回來。當然，她發現這是不可能的。神父以此方法，醫治了她愛製造流言蜚語的罪。

說謊者和誹謗者的命運

這些罪是邪惡的，聖經對這些罪的譴責嚴厲，含有許多嚴肅的警告。*說謊言的，你必滅絕：好流人血弄詭詐的，都為耶和華所憎惡*（詩 5：6）。*因為說謊之人的口，必被塞住*（詩 63：11）。*在暗中毀謗他鄰舍的，我必將他滅絕*（詩 101：5）。*說謊言的嘴，為耶和華所憎惡；行事誠實的，為他所喜悅*（箴 12：22）。*因為要憑你的話，定你為義；也要憑你的話，定你有罪*（太 12：37）。*和一切說謊話的，他們的分就在燒著硫磺的火湖里；這是第二次的死*（啟 21：8）。*並一切喜好說謊言、編造虛謊的，斷不能進新耶路撒冷*（啟示錄 22：15）。

如何克服

「但是，慕迪先生，」你說，「我該如何改變？我怎樣才能克服說謊和八卦的習慣？」一位女士曾經告訴我，她有誇大其詞的習慣，結果，她的朋友們說，他們永遠都不會相信她。

治療很簡單，但不會使你爽快。你要把它當作一種罪，向神和你所冤枉的人認罪。一旦你發現自己在撒謊，就直接去找那個人，承認你撒了謊。你的懺悔當與你的過犯相等。若你在公共場合誹謗，謊報任何人，你當公開認罪。許多人，在眾人面前，刻薄地攻擊某人，編造虛假的事情，然後，試圖私下找那人認罪彌補。這樣做，達不到完全補償修復。我若有能力，我必需徹底向那人懺悔、求和，否則，毋需向神認罪。

漢娜•莫爾（Hannah Moore） 的方法，確實是治流言蜚語的佳法。無論何時，當她被告知任何貶損他人的事情時，她的回答總是一樣：「來，我們去找那人問問，那是不是真的。」

其作用，有的時侯，實在是令人尷尬痛苦。搞八卦的人會很吃驚，結結巴巴地編個理由，請漢娜•莫爾不要當真。但是，這好女子不退讓。她立馬帶著說八卦的人去對質。

如此之後，無人敢第二次向漢娜•莫爾傳東說西。

我的朋友，怎麼樣？如果神以這條誡命衡量你，你會被發現缺乏嗎？*不可作假見證*。你是清白，還是有罪？

第十章

第十誡

不可貪戀人的房屋；也不可貪戀人的妻子、僕婢、牛驢，並他一切所有的。（出 20：17）

《路加福音》第十二章，我們的救主舉起兩個危險信號。*你們要防備法利賽人的酵，就是假冒為善。你們要謹慎自守，免去一切的貪心*（路 12：1，15）。

魔鬼在這世上最大的傀儡是偽君子；但第二大的，便是貪婪的人，*因為人的生命不在乎家道豐富*（路 12：15）。

我相信，貪婪這種罪，在世界歷史上，現今比過往任何時代，更為普遍。習慣上，我們不將它定為罪。保羅，在寫給帖撒羅尼迦教會的第一封書信中，談到了貪心的斗篷（帖前 2：5 KJV）。貪婪的人把貪心當作斗篷，美其名曰為節儉，有遠見。誰曾聽到過，有人承認它是一種罪？在過去四十年裡，我聽到過許多公開和私下的懺悔，但從未聽到過一個人，承認犯了貪心的罪。聖經，沒有提到有人從貪婪中解脫，根據我的經驗，我不記得有多少人，一旦陷入其中，能夠自拔。貪婪的人，或男或女，通常會貪心到底。

可以這麼說，貪婪的慾望使人類陷入罪惡之中。這條河淵源遠久，我們可以一代一代，一直追溯到伊甸園的源頭。當夏娃看到，禁果可以為食，而且討人眼目，她就把它拿來，同亞當一起把禁果吃了。他們不滿足於神所賜給他們的一切，而是覬覦神靈的智慧，撒旦欺騙他們，說吃了果子，便可以獲得。她看到了，她渴望，然後她佔為己有！僅僅三步，便從無罪到有罪。

探察人心的誡命

將這樣的律法，放進人類法規裡，實在是荒唐無意義的。因為，根本無法執行這一律法。執法人員無能力探察違反該律法的內心罪慾。法律只能監督控制外在的行為，無法涉及人內在的思想意圖。

然而，神能察看到外在行為的背後。神能察看人心。我們內心深處的生命，肉眼無法看見，在神面前卻暴露無遺。想用外在的遵從來欺騙祂是行不通的。哪怕是最小的過犯和缺點，神都鑑察，無人能夠逃脫。神不會被杯子和盤子外面的清潔所矇騙。

我們內心深處的生命，肉眼無法看見，在神面前卻暴露無遺。

毫無疑問，此處，我們又有了一個證據，證明十誡不是出於人，而必定是出於神的。不像前面的那些誡命，此誡命甚至在字面上，都不局限於顯見的行動。人們，在基督降臨並暴露他們的靈性廣度之前，就有了這條誡命，它超越公共行為，觸及到行為動機。它直接禁止的不是錯誤的行為，而是促使該行為的邪惡慾望。它禁止邪惡的思想，非法的願望。它不僅要防止犯罪，還要防止犯罪的慾望。在神的眼裡，貪婪地盯著不屬於我們的東西，就像下手偷竊一樣邪惡。

為什麼？因為，防意如城，若能控制惡欲，就不會有惡行。慾望被稱為「卵中騷動」。心中的慾望是逐漸演變到實際行動的第一步。除掉惡欲，你就成功地避免了由它孵化、發展所帶來的惡果。預防勝於治療。

我們決不能把貪婪局限在金錢上。此誡命不受這種局限；上面寫著，*不可貪婪……一切所有的*。*一切所有* 這個詞使我們都不能逃脫譴責。雖然我們不參加財富的競爭，但有的時候，我們不也覬覦鄰里的好土地、好房子、漂亮衣服、輝煌名聲、個人成就、安逸的光景，和舒適的環境？難道，我們沒有渴望，想從別人身上看到的東西，來增加自己的財產或改變生活水平嗎？若是這樣，我們便違反了這條律法。

神對貪心的看法

讓我們查考一些著重於這個罪的聖經章節，看看神對它的看法。

你們豈不知不義的人不能承受 神的國嗎？不要自欺！無論是淫亂的、拜偶像的、姦淫的、作孌童的、親男色的、偷竊的、貪婪的、醉酒的、辱罵的、勒索的，都不能承受 神的國。

（林前 6：9-10）

請注意，貪心者是介於盜賊和酒鬼之間的。我們把小偷關起來，對他們毫不留情。我們厭惡酒鬼，認為他們是違反神律法和地上法律的大罪人。然而，比起偷竊或醺酒，聖經中反對貪婪的經句多而又多。

貪婪和偷竊幾乎就像連體雙胞胎——它們不可分割。事實上，我們可在它們身上再加上謊言，成為三胞胎。「貪婪的人，是藏在甲殼下的暗賊。明賊，則是個跑到甲殼外，貪得無厭的人。貪婪的人，若看到他希冀的東西，只要有機會，頓時就會像即將孵出的雞仔一樣，破殼而出，顯出賊的本色。」[17] 「貪婪」的希臘文的意思是「過份的渴望得到」。當高盧人（Gauls）嚐了意大利的甜酒後，問酒出自何處；結果，直到他們佔領了意大利才罷休。

因為你們確實地知道，無論是淫亂的，是污穢的，是有貪心的，在基督和 神的國里，都

17 原註：理查德•牛頓 （Richard Newton）The King's Highway; or Illustrations of the Commandments（London: Toomas Nelson and Sons, Paternoster Row, 1861）, 257。

是無分的；有貪心的，就與拜偶像的一樣。
（弗 5：5）

此處，重複了同樣的真理，但突出的是，貪心被稱為拜偶像。貪心的人拜瑪門，而不是神。

*並要從百姓中揀選有才能的人，就是敬畏神、誠實無妄、***恨不義之財***的人，派他們作千夫長、百夫長、五十夫長、十夫長，　管理百姓。*（出 18：21，作者強調）

這不是很奇怪嗎，葉忒羅，荒野之夫，居然向摩西提出這個建議？他是如何學會提防貪心的？可是今天，我們卻崇拜富有和貪財的人。我們選這些人在教會、國家任職。我們常說，他們會成為更好的司庫，只是因為我們知道他們貪財。但在神的眼中，貪婪的人，就像小偷或酒鬼一樣，卑鄙污穢。大衛說，*因為惡人以心願自誇，貪財的背棄耶和華，並且輕慢他*（詩 10：3）。我擔心，許多自稱已經除去邪惡的人，也說貪財的人好。

一宗大禍患

貪愛銀子的，不因得銀子知足；貪愛豐富的，也不因得利益知足。這也是虛空。貨物增添，

吃的人也增添，物主有什麼益處呢？不過眼看而已！勞碌的人，不拘吃多吃少，睡得香甜；富足人的豐滿，卻不容他睡覺。我見日光之下，有一宗大禍患，就是財主積存資財，反害自己。

（傳 5：10-13）

這豈不是真的嗎？貪得無厭的人，對自己的財產，能感到滿足嗎？他們不愛虛榮嗎？他心裡能有平安？自私的財富不總是帶來傷害嗎？

以下摘錄，描繪了貪心的愚昧：

你若見某人有一大池塘，仍口渴不已，且不忍飲半口水，生怕池水變少；若你看到他費盡時間精力，往池塘添水，還總是口渴，且手裡總是提著一桶水，從早到晚見下雨，便企圖接住每滴雨珠，跟著每一朵雲，還貪婪地跑到每一個泥潭和泥沼，希望有水，並且總是琢磨，如何讓每條溝渠的水都排入池塘；如果你看到他，在這種處心積慮的勞作中，變得灰白蒼老，最後，掉進自己的池塘，結束了那憂心懾懾、口乾鼻燥的一生；你豈不會說，這樣的人不僅自作自受，而且愚蠢之極，簡直就是白痴瘋子？然

> 而，儘管這個角色如此愚蠢荒唐，但是，與貪得無厭的人相比，他不過是小巫見大巫。[18]

我曾讀到過，有一位法國的百萬富翁，是個守財奴。為了守住自己的財富，他在酒窖裡挖了一個洞穴，又大又深，需要梯子才進得去。酒窖的入口處，裝有一扇帶彈簧鎖的門。過了一段時間，這人不翼而飛，失踪了。人們四處搜索，找不到他的踪跡。最後，只好把他的房子給賣了。買主在酒窖發現這扇門。他打開門，往裡走，發現那守財奴撲倒在地，死在財寶中間。那門定是不小心反鎖上了，結果，他死得很慘。

> 財富永遠不會滿足；對財富的追求永遠是一個陷阱。

迷惑和網羅

> *但那些想要發財的人，就陷在迷惑，落在網羅和許多無知有害的私慾裡，叫人沉在敗壞和滅亡中。*（提前 6：9）

聖經談到兩件東西的迷惑——罪和財富的迷惑（來 3：13；可4：19）。財富，如同沙漠中的海市蜃樓，景色優美，以水和陰涼處來引誘旅人，但旅人耗盡體力，終

18 原註：威廉•勞（William Law），A Serious Call to a Devout and Holy Life（Newcastle: J. Barker, Hood Street, 1845），106。

究如水中撈月。同樣，財富永遠不會滿足；對財富的追求永遠是一個陷阱。

羅得貪圖所多瑪富饒的平原，結果，他得到了什麼？在那個邪惡的城市度過了二十年之後，他不得不逃命，將所有的財富拋在腦後。

三十塊銀子為猶大做了什麼（太 26：15；27：3）？豈不是誘陷嗎？

想想巴蘭。一般認為他是假先知，但我發現，他的預言，凡有記錄的都是真實的；確確實實地實現了。在某種程度上，他的角色很有光彩；但最終，魔鬼以貪財將他制服。他跳過天上的冠冕，降服於巴勒應許的財富和榮譽（民 22：37；猶11）。他臉面向神，但卻倒行進了地獄。他想死為義人，卻沒有活出義人的生命。看到這麼多知道神，然而卻為了財富而喪失一切的人，實在是令人可悲。

然後，思想一下基哈西的例子，他因貪財，被厄運和覆滅吞淹。他從乃縵那裡得到的錢財，比所求的還多，但他也得了乃縵的麻風病。想一想，他是如何喪失了與神人以利沙，他主人的友誼：

> 神人以利沙的僕人基哈西心裡說：「我主人不願從這亞蘭人乃縵手裡受他帶來的禮物，我指著永生的耶和華起誓，我必跑去追上他，向他要些。」

於是基哈西追趕乃縵。乃縵看見有人追趕，就急忙下車迎著他，說：「都平安麼？」

說：「都平安。我主人打發我來說：剛才有兩個少年人，是先知門徒，從以法蓮山地來見我，請你賜他們一他連得銀子，兩套衣裳。」

乃縵說：「請受二他連得。」再三地請受，便將二他連得銀子裝在兩個口袋裡，又將兩套衣裳交給兩個僕人，他們就在基哈西前頭抬著走。

到了山岡，基哈西從他們手中接過來，放在屋裡，打發他們回去。

基哈西進去，站在他主人面前。以利沙問他說：「基哈西你從哪裡來？」回答說：「僕人沒有往哪裡去。」

以利沙對他說：「那人下車轉回迎你的時候，我的心豈沒有去呢？這豈是受銀子、衣裳、買橄欖園、葡萄園、牛羊、僕婢的時候呢？因此，乃縵的大麻風必沾染你和你的後裔，直到永遠。」

基哈西從以利沙面前退出去，就長了大麻風，像雪那樣白。（王下 5：20-27）

今天也是如此，終生好友都因這該詛咒的慾望斷交。家庭被拆散。人，為了幾塊錢，願意出賣平安幸福。

大衛不也是陷入了愚蠢有害的私慾嗎？他看到拔示巴，烏利亞的妻子，見她容貌甚美，他就淪為殺人犯和通姦者（撒下 11）。罪的渴望把他扔進了最深的罪坑。他種因得果，不得不痛苦地收割惡果。

我聽說，西部有個德國人，擁有一家木材廠，很富有。他身價近兩百萬美元，但還嫌不夠，去當整天背著鐵路枕木的工人。據說，這是他的死因。

> *亞幹回答約書亞說：「我實在得罪了耶和華以色列的 神，我所作的事，如此如此：我在所奪的財物中，看見一件美好的示拿衣服，二百舍客勒銀子，一條金子，重五十舍客勒，我就貪愛這些物件，便拿去了。現今藏在我帳棚內的地裡，銀子在衣服底下。*（書 7：20-21）

他眼見，他貪愛，他拿取，他藏匿！貪婪的眼光，使亞幹行了惡行，而這惡行，帶給以色列營悲傷和失敗。

我們知道，亞幹受到了可怕的懲罰。以色列人用石頭，打死了他、他的家人、和他的牲畜（書 7：24-25）。神似乎將危險的信號，設立在每個新時代的開始。令人驚訝的是，很快， 信號尚在，從貪婪而生的首次事件就爆發了。想一想：伊甸園的夏娃，以色列剛進應許之地不久的亞幹，以及，早期教會的亞拿尼亞和撒非拉。

拔根機

貪財是萬惡之根；有人貪戀錢財，就被引誘離了真道，用許多愁苦把自己刺透了。

（提前 6：10）

修訂版將其翻譯為*萬惡之根*。因此，這第十條誡命被恰當地稱為「拔根機」，因為誡命撕裂消滅這個根。在我們敗壞本性的深處，貪婪已生根繁殖。除了神，沒有人能除去它。

馬太告訴我們，錢財的誘惑阻擋神的道，就如密西西比河口，因河水攜帶的泥沙沉積而堵塞。今天，很多經商的人，不都是這樣嗎？他們傾心於自己的商務，沒有時間來認識神。為了拼命積累財富，結果忽視了靈魂的需求，永恆的福祉。甚至不惜將自己的靈魂出賣給魔鬼。曾有多少人說過，「我們必須賺錢，如果神的律法擋住了路，就把它拋在一邊。」

金錢（lucre） 這個詞，在欽定版新約（King James New Testament）聖經中出現了五次，每次都被稱為不義之財。

萬惡之根。確實是這樣，因為，當貪戀錢財時，人還能不犯罪？對金錢的貪婪，導致人們進行暴力和謀殺，以及

作弊、欺詐和偷竊。它把肉心變成石頭，失去所有自然感情，變成殘忍，不仁慈。有多少家庭，因為父親的錢欲，而破碎！為了發財致富，人人搞得焦頭爛額。從不考慮身體健康。對金錢無法控制的狂熱，使人們放棄穩定的工作，選擇危險的途徑來達到目的；挺而走險，置危險而不顧。貪財毀了信仰和靈性，使思想和心靈遠離神。它慫恿不法行為來擾亂社區和平。貪婪，僅僅是為了掠奪領土或其他物質資源，不止一次的導致國與國爭戰。據說，西班牙人征服秘魯時，送信給秘魯國王，說：「給我們黃金，因為，我們西班牙人有一種病，唯有黃金才能治療。」

> 對金錢的貪婪，導致人們進行暴力和謀殺，以及作弊、欺詐和偷竊。

比起我來，博德曼博士（Dr. Boardman）就貪婪如何導致違反每一條誡命，作了極致的詳述，我在此借花獻佛，引用他的話：

> 貪婪，誘惑我們違反第一條誡命，成了泛神教，除了敬拜耶和華之外還拜瑪門。……貪婪，誘惑我們違反第二條誡命或拜偶像。……使徒保羅明確指出，貪婪的人與拜偶像的人同名：「貪婪，就是拜偶像。」再次：貪婪誘惑我們違反第三條誡命，說褻瀆神的謊言：例如，基哈西在與乃縵，那敘利亞人，私下會

面上撒謊；亞拿尼亞和撒非喇在教會財產上，欺哄聖靈。再次：貪婪誘惑我們違反第四條誡命，既違反安息日；是貪財侵蝕了神指定的聖日，僅為了世俗目的，誘使我們開通火車，販賣菸酒，兜售報紙。再次：貪婪誘惑我們違反第五誡，或不尊重權威；誘惑年輕人嘲笑他父母的忠告，公民踐踏公民法規。再次：貪婪誘惑我們違反第六條誡命，或謀殺；回想一下，猶大愛金錢，以致褻瀆神，背叛他的神聖朋友，將祂出賣給兇手，他的誘惑是微不足道的——比如說——十五美元。再次：貪婪誘惑我們違反第七條誡命，或犯姦淫；注意聖經如何將貪婪和情慾合在一起。……再次：貪婪誘惑我們違反第八條誡命，或犯偷竊；回想一下，貪婪誘使亞幹，去偷了一件精美的巴比倫斗篷，兩百舍客勒銀子，和一條五十舍客勒重的金子。再次：貪婪引誘我們違反第九條誡命，或作偽證指控鄰居；回想一下，亞哈的貪婪促使他的妻子耶洗別，僱用彼列（注：撒旦的別名）的兒子們，對拿伯作致命的偽證，攻擊拿伯褻瀆神，說：「你謗瀆了神和王。」[19]

---

19 原註：喬治·達納·博德曼（George Dana Boardman）The Ten Commandments(Philadelphia: American Baptist Publication Society, 1889), 315-316。

如何克服

你問我，如何才能將這污穢的靈從你的心裡驅逐出去？我想我可以告訴你。

首先，你要立定心志，靠著神的恩典，來戰勝私慾。你必須戰勝它，否則它就會制服你。保羅說，*所以，要治死你們在地上的肢體：就如淫亂、污穢、邪情、惡慾和貪婪（貪婪就與拜偶像一樣）。因這些事，　神的忿怒必臨到那悖逆之子*（西 3：5-6）。

我聽說，一個有錢人，被邀請為一個慈善項目捐款。邀請信中引用了一段經文：*憐憫貧窮的，就是藉給耶和華；他的善行，耶和華必賞還*（箴 19：17）。那人說，承諾看來頂好，但兌現則遙遙無期。結果，兩週內，他就死了。他怎麼也未料到，神的忿怒會降臨在他身上。

如果，你發現自己變得很吝嗇，那就學紐約州一位很富的農夫，慷慨地給出。那農夫素以囤積財富和自私出名。後來，他皈依歸正了。他歸正後沒多久，就有個窮人來找他，尋求幫助。因失火，那人失去了一切，家裡連鍋都揭不開。農夫以為自己會很慷慨，就去熏房拿一條火腿給那人。他朝熏房走去，途中，試探者說：「把最小的火腿給他。」

他一路掙扎到熏房，打不定主意是給大的還是給小的。為了征服自己的自私，結果他把最大的火腿給了那人。

試探者說，「你真是個傻瓜。」

「如果你再不閉嘴，」他回答說，「我就把熏房裡所有的火腿都給他。」

杜蘭特先生（Mr. Durant）告訴我，有一天早上，他醒來，發現自己成了個有錢人，他說，此後，他一生中最大的掙扎，就是讓金錢做他的主人，還是他做金錢的主人——是他變成錢的奴僕，還是讓錢成為他的奴僕。最終，他獲得了勝利，韋爾斯利學院（Wellesley College）就是這樣建立起來的。

其次，要培養知足的精神。*你們存心不可貪愛錢財，要以自己所有的為足；因為主曾說，「我總不撇下你，也不丟棄你。」所以我們可以放膽說：「主是幫助我的，我必不懼怕。人能把我怎麼樣呢？」*（希 13：5-6）

知足與貪心正好相反，貪心，不止息地貪圖你沒有的東西。你要知足於自己所有的，不要為未來憂慮，因為，神應許永遠不撇下你，也不丟棄你。除此之外，神的孩子還想要什麼？我寧願有此應許，勝過擁有地上所有的金錢。

任何世上的功利都不能滿足人心。

我真盼望，我們能和保羅同聲開口說：*我未曾貪圖一個人的金、銀、衣服*（徒 20：33）。主使保羅和祂的恩典有份，而且，保羅當時的確很快就要與主同享榮耀，所以，在保羅看來，地上的東西，非常渺小。*敬虔加上知足的心便是大利了*，他寫信給提摩太；*只要有衣有食，就當知足*（提前 6：6, 8）。注意，他把敬虔放在首位。任何世上的功利都不能滿足人心。即使我們得到整個世界，心裡仍有空乏之處。

我們若被這罪蒙了眼，願神撕下我們眼睛上的鱗片。哦，真是愚蠢，我們竟然把自己的心放在世上任何東西上！*因為我們沒有帶什麼到世上來，也不能帶什麼去*（提前 6：7）。*見人發財，家舍增榮的時候，你不要懼怕，因為他死的時候，什麼也不能帶去，他的榮耀也不能隨他下去*（詩 49：16-17）。

唯靠基督，罪才夠消

我們現在已經詳細地研討了十誡，面對我們每個人的問題是，我們是否遵守這些律法？如果神用十誡來衡量我們，我們會被發現虧欠，還是不虧欠？我們遵守律法，是遵守整套律法嗎？我們是否全心全意地順服神？我們是否將自己的身心獻上，完完全全，甘心情願地順服祂？

第十一章

一部律法，非十條

十誡不是十條不同的律法；而是一部完整的律法。我如果被一根鏈條懸在空中，那鏈條有十個鏈環節，我只要折斷其中一個，我就會掉下來，如同我把十個鏈環都折斷一樣。如果我被關在圍牆中禁止走出，那我只要能逃出，在何處突破圍牆並不重要。*因為凡遵守全律法的，只在一條上跌倒，他就是犯了眾條*（雅 2：10）。只要缺少一個環節，順服的金鍊就會中斷。

有的時候，我們會聽到人們禱告，祈求免於某些罪惡，彷彿他們不會有犯其他罪的危險。我堅信，一個人只要開始故意違反其中一條誡命，那麼，他就很容易違反其他的誡命。我認識一位紳士，他有一位機要文書，此人持意要文書在周日早上梳理帳務。這個年輕文書很有原則，起初拒絕了，但他急切盼望得到雇主的青睞，最終屈服了。沒過多久，年輕人偷錢投機股市，欠下十二萬美元的債。雇主把他交給司法機關，關進監獄十年，但我認為，在神面前，雇主和那個年輕人一樣有罪，因為他領那年輕人，踏出了下坡路的第一步。你還記得那個士兵的故事，他藏在一堆乾草中，被偷運到一個城堡內，然後，他給戰友們打開城門。我們犯下的每一個罪，都為其他罪打開大門。

人人都虧欠

一千五百年來，人雖在律法之下，卻無人能遵守。基督來了，闡明誡命遠超過單純的字面上的意義。從那時起，誰還能說，他能夠靠自己的力量遵守誡命？當我們高舉鉛垂線來衡量自己，就會看到偏離了垂直線多少——已偏離了多遠。當以這個神聖的標準衡量我們時，會發現自己虧欠了多少。就像一個小女孩，當媽媽責備她，叫她做正事時，她說，「我身心不正，怎能行正事？」*沒有義人，連一個也沒有；因為世人都犯了罪，虧缺了　神的榮耀*（羅 3：10, 23）。

我們犯下的每一個罪，
都為其他罪打開大門。

我並不是說，所有的人，都同樣犯有嚴重違反誡命的罪。公然違反律法，無論是世人的或是神聖的，需要有一定的賊心惡膽；然而，如某個小孩子曾經說過，偷雞摸狗地違反誡命很容易。眾所周知，有許多自稱基督徒的人過著破碎的生活：滿是蠅頭小罪、耍小脾氣，和自私自利。這些罪，彷如一個昂貴的花瓶上形成的裂縫，有可能精細到肉眼不能察覺，但是，要是一次又一次，都是如此添加，總有一天，花瓶會一觸即碎。當我們聽說，有人一生都是品行端正，德高望重，突然有一天犯下可恥的罪，會感到震驚和困惑。然而，我們若對此人瞭如指掌，不難發現，墜落是必然的。多年來，他一直在不斷地滑向墮落。在他的生活中，早在墮落之前，我們會發現許許多多，偷雞摸狗的違反誡命的行為。他最終的暴露，只是到了花瓶一觸即碎的地步。

偽砝碼

人有形形色色的砝碼 （善行），以為靠這些砝碼（善行），可以成全律法，免了自己的罪。但最終他們會發現，那全是癡人說夢，甚至比癡人說夢還要荒唐。

因為，有德行的人和其他人一樣有罪。他的德行無法拯救他。*你們若不悔改，都要如此滅亡*（路 13：3）！*你們若不迴轉，變成小孩子的樣式，斷不得進天國*（太 18：3）。我經常聽到，有很多好人說我們的佈道會成效很大；他們向酒鬼、賭徒和妓女傳福音，但是，他們從未意識到，自己同樣需要神的恩典。

尼哥底母也許是他那個時代最有德行的人之一。他是一位猶太律法先生。然而，基督對他說，*人若不重生，就不能見　神的國*（約 3：3）。與自以為義的法利賽人相比，小偷、酒鬼、流浪漢，更容易接受福音，得到救贖。你不必數週數月向這些人講道，使他們確信自己是罪人。當一個人知道他需要神，並且確信自己是個罪人時，他就很容易接受福音。但是，就如街上的酒鬼，自以為義的法利賽人一樣需要救恩。

我讀到，一位傳道人在南方傳道，蒙許可在當地監獄佈道。他房東的兒子和他一起去了監獄。佈道回來的路上，這個非基督徒的年輕人對牧師說，「我希望，你的講道，給犯人們留下深刻的印象。像這樣的佈道，應該對他們有好處。」

「對你不也有好處嗎？」 牧師問道。

「哦，你可是在給犯人講道！」年輕人回答。

牧師搖搖頭說：「我是在傳講基督，你，和他們一樣需要祂。」

你若不悔改，祈求祂的憐憫，你就沒有希望。我請你捫心自問：如果，半夜有人突然傳喚你在天平上稱重，你的靈魂將會怎樣？

許多人只是自稱為信徒。你屬於教會，但你準備好被衡量嗎？準備好踏上天平了嗎？將有很多的人，發現自己如同那五個愚蠢的童女一樣。時候到了，他們會發現自己的燈裡沒有油（太 25：1-13）。如果你只有一盞空燈，或者，只靠律法主義生活，我求你擯棄這種生活。擯棄那種死氣沉沉、冰冷、可憐的無動於衷。神，對此將不屑一顧。你真相信自己的善行嗎？你認為你的聖經、你的十字架、你的禱告，或去教堂，能幫助你嗎？

或者，你把希望寄託在你的教育、財富或世俗的名譽上？你若屈服於色欲、情慾和貪婪，最終失去靈魂，你的大學教育、所有的財富和榮譽，又有何用？*知道你們救贖……不是憑著能壞的金銀等物，乃是用基督的寶血*（彼前 1：18-19）。當神稱量你時，你若沒有基督，*提客勒*（*Tekel*）將成為你的判決。

不要灰心

我可以想像，你正在自言自語，說：「我們真要被這些律法審判，將如何得救？幾乎每一條誡律，我們都曾觸犯——在心思意念上，如果不是在實際行為上。」我幾乎聽到你說：「我想知道，慕迪先生是否也準備好被衡量。他願意自己面對這些檢測嗎？」

我願意謙卑地回答說，如果神命令我，現在就踏上天平，我已經準備好了。

「什麼！」你說。「你未曾違過法？」

是的，我曾違過法。我和你一樣，在神面前是個罪人，但是，四十年前，我在祂的法庭上認罪。我呼求憐恤，祂就原諒了我。如果我踏上天平，神的獨生子已經應許與我同在。若沒有祂，我豈敢踏上天平。我若這樣做了，天平會很快飛起來！

基督即一切

基督遵守律法。如果祂曾經觸犯律法，將不得不為自己死。然而，因為祂是沒有瑕疵的羔羊，祂的贖罪之死，對你我都有效。祂沒有自己的罪要贖，所以，神接受了祂為我們而獻上的贖罪祭。*律法的總結就是基督，使凡信他的都得著義*（羅 10：4）。我們在神的眼中是義的，因為，神的義，因信耶穌基督，而加給所有信祂的人。

若我們不得不在神的詛咒下，永遠活在我們罪中，那將是人間地獄。所以，為我們所傳的福音感謝神！如果我們悔改，我們所有的罪都將被塗抹。*你們從前在過犯和未受割禮的肉體中死了，　神赦免了你們一切過犯，便叫你們與基督一同活過來；又塗抹了在律例上所寫攻擊我們，有礙於我們的字據，把它撤去，釘在十字架上*（西 2：13-14）。

成全律法

神的愛若澆灌在你心裡，你就能成全律法。保羅將誡命精簡為一條：*仁愛［愛］是律法的成全*（羅 13：10）。一位無名作者，對十誡寫了以下通俗的描述：

> 愛神，必不容納他神。
>
> 愛，必憎恨一切以形像來貶低神的東西。
>
> 愛神，必永遠不會羞辱祂的名。
>
> 愛神，必敬仰祂的聖日。
>
> 愛父母，必尊敬他們。
>
> 恨，非愛，才是兇手。
>
> 情慾，非愛，則犯姦淫。

愛，必會給出，絕不偷竊。

愛，絕不誹謗、說謊。

愛的眼目，絕不貪婪。

你準備好了嗎？

唯有精神錯亂到了一定程度，才會背離神，冒著與基督無緣而被神召喚審判的危險。此時此刻，便是接受救恩的時刻，然後，當神審判時，基督將會與你同在。你是否站到一邊，說，「我還沒有準備好。我想要多一點時間準備，把這件事徹底搞搞清楚？」既然這樣，你的確有時間，但請記住，僅僅只是此時；你不知道，你是否還會有明天。

伯沙撒王的生命，不是突然終止了嗎？難道，他曾相信，那將是他的最後一晚，他將永遠不會再看到太陽日照的光芒？那場罪惡的盛宴，並沒有像他所期望的那樣結束。同樣，你若拖延，便有危險。你若不遵行神的道，你根本就進不了天國。你必須接受基督為你的救主，否則，你將永遠無法面對神的審判。

我的朋友，你擁有基督嗎？你是否保持原樣，卻被發現虧欠，還是，接受基督，準備好接受召喚？*這見證就是 神賜給我們永生，這永生也是在他兒子裡面。人有了 神的兒子就有生命；沒有 神的兒子就沒有生命*（約壹 5：11-12）。

此時此刻，願神開啟你的心扉，來接受祂的獨生子！

德懷特·慕迪 – 生平簡介

德懷特·萊曼·慕迪 (Dwight Lyman Moody) 於一八三七年二月五日生於美國麻州北田 (Northfield)。慕迪僅四歲，父親就去世了。留下他母親一人撫養九個孩子。慕迪十七歲那年，離家到波士頓謀生，成了一名推銷商。一年後，慕迪由他的主日學老師愛德華·金波（Edward Kimball）的帶領，歸向耶穌基督。不久，慕迪離開波士頓，來到芝加哥。他在那裡開始自己教主日學。他二十三歲時，已經是一名很成功的鞋子推銷商，僅八個月就賺了五千美金，這在十九世紀中期是很大一筆錢。然而，當他立志跟隨耶穌，他就放棄事業，投身於基督教事工。他當時的年薪僅三百美金。

慕迪不是被按立的牧師，但他是一位傑出的佈道家。亨利•瓦利（Henry Varley），一位英國的傳教士，曾告訴他，「慕迪，世界尚將試目以待，神將如何使用一個完全奉獻給祂的人。」

慕迪後來說，「靠神的幫助，我立志成為那個人。」

據估計，在他有生之年，沒有電視或廣播的幫助，慕迪行一百多萬英里，向一百多萬人佈道，並親自接觸過七十五萬多人。

慕迪卒於一八九九年，十二月二十二日。

慕迪曾說過，「總有一天，你會在報紙上看到訃告，說北田東（East Northfield）的慕迪死了。你連一個字都不要信！那一刻，我比我現在更有活力。我會升得更高，就這樣——從這個老土墓，進入一座不朽的房子；一個死亡無法觸及，罪不能玷污的身體；一個與祂榮耀的身體相似的身體。一八三七年，我以肉體出生。一八五六年，我由聖靈而生。以肉體而生的將死去，由聖靈而生的將永遠活著。」

其他类似书籍

十字架，莱尔

「但我断不以别的夸口，只夸我们主耶稣基督的十字架。」（加六 14）

读者啊，请让我来跟你谈谈这个题目。相信我，这是一个有着最深远的重要性的题目，绝非什么简单的争议的问题；绝非什么人们认为尽可以言人人殊，同时却觉得对他们进不进天堂并无大碍的观点。「你怎么看基督的十字架？」每个人都必须对这个问题有正确的答案，否则他就永远失丧。对这个问题的答案将决定：天堂或地狱，幸福或悲苦，生命或死亡，末日的祝福或咒诅，也就是说，将决定一切。让我来告诉你：

1. 使徒保罗断不以什么夸口
2. 使徒保罗以什么夸口
3. 为什么所有的基督徒都应像使徒保罗那样思考和感受到十字架

免费下载

慈声呼唤

这是和你，读者，心贴心的对话。在这里检验并一个个地解决了每一个借口，理由，和对你来就近耶稣可能的障碍。如果你觉得你这个人很糟糕，或者你也许真的很糟糕而且你公开或隐秘地在罪中，你将发现，基督里的生命也是为你的。你可以拒绝得救因着信的信息，或者你可以选择在宣告了对基督的信仰之后却仍然过一个罪中的生活，但是你却不能为了你或为了他人来改变这个真理本身。因此，你和你的家庭应当来拥抱这个真理，占有它，并真正在今日也在永恒中得自由。来吧，接受这个神白白赐予的礼物，为了他而过一个得胜的生活。

免费下载

天路，慕迪

在基督里有生命。丰盛、喜乐、美好的生命。的确，主会管教祂所爱的人，我们也常常受到世界和魔鬼的试探。但是，如果我们知道如何跨越这种诱惑，来亲近耶稣基督的十字架，将眼目定睛在我们的主身上，那么，我们在地上和天上的奖赏，将比这个世界所能给的要好上百倍。

这本书写得很透彻。它生动地描绘了神的爱，剖析未得救之人灵魂的状态，解析耶稣基督在十字架上，为了我们的罪，做了什么。《天路》切实地审视了我们悔改和跟随耶稣的需要，并将希望带给我们，即那在天堂里永恒、喜乐的生命。

得胜的生命,慕迪

你是一名得胜者?或者,你很容易被杂七杂八的罪所捆绑?更糟糕的是,你是否正偏离基督徒的成圣道路,但却拒绝承认并纠正?没有一个基督徒可以拒绝呼召成为得胜者。世上的代价微乎其微,而永恒的奖赏是无法估量的。德怀特•慕迪(Dwight L. Moody) 是发掘我们问题的大师。他擅长用故事和幽默来揭示,作为成功的基督徒,什么是其生活的基本原则。在得胜的方方面面,慕迪都是从实际的、容易理解的角度来解析。针对我们的问题,慕迪所提出的解决方案不是宗教、规则或其他外在的修正。相反,他把我们带到问题的核心,即我们的内心,并且将圣经、神所赐的救药来医治每个基督徒的生命。让我们做好准备,来迎接、拥抱今天的真正胜利和永恒的喜乐。

www.ingramcontent.com/pod-product-compliance
Lightning Source LLC
Chambersburg PA
CBHW070144080526
44586CB00015B/1837
* 9 7 8 1 6 2 2 4 5 8 6 8 4 *